Extra Graphic Material From: www.freepik.com
Thanks to: Alekksall, Starline, Pch.vector,
Dgim-studio, Upklyak, Macrovector
& Freepik.com Designers

This Book Offers Free Bonus Puzzles
Available Here:

BestActivityBooks.com/WSBONUS20

5 TIPS TO START!

1) HOW TO SOLVE

The Puzzles are in a Classic Format:

- Words are hidden without breaks (no spaces, dashes, ...)
- Orientation: Forward & Backward, Up & Down or in Diagonal (can be in both directions)
- Words can overlap or cross each other

2) LEVEL UP THE GAME!

A space is provided next to each word to write new ones, translations or notes. We also offer a convenient **NOTEBOOK** at the end of this edition. It can help you organize your annotations, new words and/or observations.

3) TAG YOUR WORDS

Have you tried using a tag system? For example, you could mark the words which have been difficult to find with a cross, the ones you loved with a star, new words with a triangle, rare words with a diamond and so on...

4) EASY TO CUT!

The Puzzles come with an Extra Large margin to easily cut the page out of the book. Some people may feel it more convenient to solve them this way.

5) FINISHED?

Go to the bonus section: **MONSTER CHALLENGE** to find a free game offered at the end of this edition!

Want **more fun** and activities to **relax? It's Fast and Simple!** An entire Game Book Collection **just one click away!**

Find your next challenge at:

BestActivityBooks.com/MyNextWordSearch

Ready, Set... Go!

Did you know there are around 7,000 different languages in the world? Words are precious.

We love languages and have been working hard to make the highest quality books for you. Our ingredients?

One part easy-to-read print, three parts entertainment, then we add some challenging words and a pinch of rare ones. We brew them with care to serve you lots of fun and an opportunity to solve the best puzzles.

Your feedback is essential. You can be an active participant in the success of this book by leaving us a review. Tell us what you liked most in this edition!

Here is a short link which will take you to your Amazon orders review page.

BestBooksActivity.com/Review50

Thanks for your fidelity and enjoy the Game!

Delta Classics Team

Puzzle 1

```
P Y O R O S S E F O R P A Y E
S R V I R I D I S A I L I M R
P B A Z A V E W P L C M D E R
E U Z E C N Z P K L Y I P R O
C P L I D E T A T I C X E E R
U G G M A I R O T S I H S N J
L P D J L F C A E K I E N R S
U Q U A D R A A T L A P O E I
M R E V E R S E N R M N W C V
I Q B P X I U J X T K X D E A
J C W G Q I T Z P P U U R D R
S Q G A M D O G Z J V R O Q G
O M N I N O M Y H C B I P N Z
R E D I G E N D U M O A S W J
```

REVERSE

PROFESSOR

QUADRA

MOTUS

OMNINO

PRAEDICANTUR

MILIA

ILLA

EXCITATE

MAII

DECERNERE

ERAT

FACIENS

REDIGENDUM

HISTORIAM

GRAVIS

SNOWDROPS

ERROR

SPECULUM

VIRIDIS

Puzzle 2

```
T R A H E R E V I S A B O P F
Q N R U T I C I D G N R F T R
U J T W Y D L V R Y A O I K U
C B N J D K R O L X T W N S S
I U I M U N R E T N I N I Y T
M N R Q Q D R S D N C O S G R
P I L R U H L N F M U T O T A
E S Q Y U E N E D L L S K V R
R U N Q K S I C S X A U S P P
I T N E C I D E A R P C R O N
O A W R A J P R P V P N V A P
P A A W G R A C C E S S U M Z
C O N S T I T U T I O N E M V
T C E H A C C E D U N T F V Y
```

FRUSTRA
IMPERIO
INTRA
ACCESSUM
BROWN
POSSUNT
ACCEDUNT
UBIQUE
CURRUS
CONSTITUTIONEM

FINIS
VIS
TRAHERE
PRAEDICENT
TOTUM
SINU
INTERNUM
RECENSEO
DICITUR
ANATICULA

Puzzle 3

```
R E T A M F V D O M N E S E R
A E R E B I H O R P S T U J E
L O L C Z R X L R L O B T F D
I S S I Z M T C Z L T A I E D
Q C I N C A I R F J D A L R I
U U L R O T A N I M O N E D T
O L C F V A O I D U T S P J U
D U X A A T T E M E R E Z G S
C M F H L S U T C E F N O C D
R U F U S C U Q U A L I T A S
F W V U X C E L N W X B D Z K
I N F E R I O R O F A L T O I
Q T D W K C P V B S Z F R U W
T E L E S C O P I U M E I L W
```

STAT
UTILE
DENOMINATOR
PROHIBERE
RUFUS
RELICTO
TEMERE
OSCULUM
ALIQUOD
OMNES

STUDIO
REDDITUS
TELESCOPIUM
SOLUS
FIRMA
CALCE
INFERIOR
MATER
QUALITAS
CONFECTUS

Puzzle 4

```
R X D I T C A G R U M A V E G
S E T X M P W F H S I N R L T
I O S M Z L U H A S N W M A O
T R M P H X V Q U T E B E M L
N E X N I Z I T U I E Z N I E
O L M S U R R Y A N L R O N R
M I K U G S A B C V B O I A A
I Q A Q G P D R H E A L G M R
I U H O R A X H E N S O E Q E
N I A F F E C T U I U D R B S
V T K Y M M S D A T E N H C O
C O G I T A T I O N R T A Y L
S E R V I R E W V B K K M L E
V E O V Z N L T R A V E L L M
```

WIDTH
AFFECTU
DOLOR
TOLERARE
RELIQUIT
REUSABLE
AGRUM
SOMNUS
AVE
LAMINAM

REGIONEM
ENIM
SOLEM
SERVIRE
INVENIT
FATERI
MONTIS
COGITATIO
HORA
RESPIRARE

Puzzle 5

```
T S O L I L T T S E C M R J E
H I R Z Y A H I C X E A C V Q
E N M R Y M E M H P N U R D M
S M U R U M A O O E I L W B K
A O L S H P T N O R M T Y A O
U B O F F J R T L I I I K V D
R L N E J N O E B M R M U C V
U I G M K Q I M A E C A O A C
S V I F U J I V G N S D V E L
A I T Q Y N K Y M T I R E G E
Q S U A B E U C K U D D A L T
U C D P P M Y S R M H Y X P V
A I O P R O V I D E R E Q T W
M O W A V I S I T N E I R O R
```

LONGITUDO
THESAURUS
AQUAM
DISCRIMINE
EXPERIMENTUM
EGERIT
VEL
THEATRO
OMNIS
PARS

PROVIDERE
OBLIVISCI
MUNUS
AVIS
CARBO
ORIENTIS
MONTEM
MURUM
ULTIMA
SCHOOLBAG

Puzzle 6

```
Y  M  L  I  C  F  W  I  Z  Z  I  G  N  P  F
V  U  A  N  E  M  E  R  O  R  R  E  T  R  P
Q  D  P  T  C  O  R  S  I  A  K  D  E  O  R
U  N  S  E  I  P  E  O  T  C  N  A  S  P  O
I  A  U  R  D  G  D  U  I  I  L  I  F  R  D
S  B  S  I  I  L  E  D  B  T  N  P  V  I  U
U  I  A  T  T  W  C  U  M  L  R  A  Q  U  C
R  L  G  U  R  E  C  O  A  I  Q  L  E  M  E
Z  E  T  M  U  I  A  S  M  I  N  U  T  A  R
I  D  G  R  E  L  E  C  T  I  O  N  E  M  E
Q  W  B  S  I  A  N  I  M  A  L  I  S  Z  L
M  A  M  I  R  C  A  L  Q  C  Q  S  V  H  E
S  W  C  V  L  O  E  U  H  R  P  H  O  R  G
K  Y  Z  E  V  X  M  S  T  E  D  T  U  I  W
```

INTERITUM	ACCEDERE
MINUTA	AUT
QUIS	DELIBANDUM
FESTINA	CECIDIT
DUOS	FILII
LAPSUS	ULTRICES
PROPRIUM	ELECTIONEM
TERROREM	ANIMALIS
LACRIMAM	AMBITIO
SANCTO	PRODUCERE

Puzzle 7

```
H  A  B  I  T  U  M  L  D  K  O  I  G  O  R
S  L  D  W  P  Q  U  X  S  U  R  D  X  Y  E
C  O  J  U  D  R  T  W  A  S  P  B  A  X  G
A  I  C  P  Y  I  I  N  B  T  D  L  G  D  I
L  V  B  E  A  T  N  N  F  O  M  B  I  U  N
A  B  K  B  W  L  O  G  C  I  S  E  T  C  A
S  Y  P  F  L  C  M  M  S  I  D  Q  J  J  I
T  I  D  N  E  F  F  O  U  Q  P  G  Q  Q  I
E  T  E  R  S  U  S  G  U  V  J  A  P  D  N
N  H  P  L  Z  S  K  R  M  X  T  I  L  U  D
U  A  S  E  N  I  L  E  D  I  U  G  Q  E  I
I  B  A  U  X  I  L  I  U  M  R  F  O  Q  C
T  E  I  P  S  A  M  Y  W  A  S  H  Q  R  I
S  E  R  V  I  T  I  U  M  Q  C  N  V  E  O
```

SUUM	ERGO
BEAT	AUXILIUM
SERVITIUM	SIC
TERSUS	HABE
VIOLA	INDICIO
IPSAM	SCALAS
DUPLICI	REGINA
PRINCIPALE	MONITUM
HABITUM	TENUIT
GUIDELINES	OFFENDIT

Puzzle 8

```
H S X X M L R E X F Y N A A S
D R S U S S A R C J I Q L N E
R E L A T I O P I O X J I T N
O F A I R E T S I G A M C I T
B F B S G B W Q V D Y F U Q E
R O D Z S L E E P O I J B U N
A M E D C A O Q T R X B I A T
G L O B U S M B J E H H U E I
I N T E N D I T E S S I S S A
I N F E R I O R I B U S P W U
C U C U M E R A R I O A M G W
O C C U R S U M P A R V A H C
N L G R A D I B U S B X A T X
A D I U V A R E T P A V L E M
```

OFFER
PARVA
SENTENTIA
ARBOR
GLOBE
OCCURSUM
CRASSUS
CUCUMERARIO
ANTIQUAE
IMO

MASSAE
MAGISTER
GLOBUS
LAPIDIBUS
ADIUVARET
INFERIORIBUS
RELATIO
GRADIBUS
INTENDIT
ALICUBI

Puzzle 9

```
I N T I X E P S E R U D Q G A
T E W J T N U T C E L F E R R
I N T R A N T P L C H I J L G
S X S E Q R P R T E L X M I U
O R D I N E U I A N G A M Q M
P W I R T O E M F S N D U U E
O H M P D T S A P E R O T E N
R R P O V O I T E R P M N F T
P Q L R H S C M E E H I E Á U
W P E P C S B U I N W N M C M
N P R O U U P C I D D E G I P
S Q E C U N E O S T D E U E S
B R M U I R A L O S P Y A T C
Y P F S Q D S S L E G I T Q Y
```

IMPLEREM   CUNEOS
AUGMENTUM   MAGNA
INTRANT   ORDINE
DOCUIT   PRIMA
DIMITTIS   REFLECTUNT
DOMINE   PROPOSITI
RECENSERE   LIQUEFÁCIET
RESPEXIT   PROPRIE
LEGIT   SOLARIUM
OSTENDE   ARGUMENTUM

Puzzle 10

```
F  R  I  G  I  D  A  M  V  E  N  E  R  I  S
F  T  Z  L  S  N  E  A  I  S  E  L  C  C  E
M  I  N  O  R  I  S  C  R  B  P  T  S  J  X
I  R  R  T  D  I  S  C  I  P  U  L  U  S  P
S  E  N  A  T  G  F  Z  Q  H  I  M  N  H  O
J  L  E  V  N  I  P  F  U  B  R  Z  D  U  N
Q  U  G  I  M  I  T  R  E  S  E  A  R  P  E
S  T  A  D  X  W  G  N  I  Y  U  B  C  Y  N
E  N  T  I  H  I  F  A  I  N  I  T  U  S  T
X  O  I  S  A  U  M  U  M  E  R  T  X  E  I
T  C  V  S  F  A  C  T  A  I  Y  R  G  W  A
U  A  E  E  E  S  T  A  M  I  C  U  S  B  M
S  I  K  T  Y  X  P  R  A  E  M  I  S  I  T
E  N  V  I  R  O  N  M  E  N  T  M  X  K  E
```

VIDISSET	VENERIS
EXPONENTIA	IMAGINARI
SEXTUS	PRAESERTIM
PRAEMISIT	CONTULERIT
NEGATIVE	DISCIPULUS
EXTREMUM	ENVIRONMENT
ECCLESIAE	INITUS
MINORIS	BUYING
FRIGIDAM	FACTA
EST	AMICUS

Puzzle 11

```
C D W R S I R A L U G E R R I
E L E M I X T I O T X H A U I
X T B N P W C K X R I D Z M C
J D Y T S E G E T U V A E U K
C O P Q E A F D B M U V A L C
C O P A U L U M W Q S W K A G
A M N M B N E G M U L M H N N
L Y I T N E T N I E J Z M U O
C F R B R G B V K T I C W N J
U T A O F A E H A B E N T E S
L L S T M Q A X B R L P O R O
A S E D I T T E T R O P O E T
T X G B L S U T A N G I S S A
E S V G O Q S E X I T U S N Q
```

CONTRA   IRREGULARIS
OLIM   BEATUS
CLAVUM   ORA
PAULUM   CALCULATE
HABENTES   MALUM
EXITUS   DENSA
SERENUM   UTRUMQUE
ASSIGNATUS   INTENTI
EGET   MIXTIO
OPORTET   SEDIT

Puzzle 12

```
F I E R I X I D A R Y Y R E F
A M Z H S O C P E L P Y J A M
O S T I U M O E C O I O P I J
M I C E E U M R O Q R Q X T I
U V E K H L P D M U D S U S O
S I I H U I L E P A E O U A G
T C L S E F E R U R W M T M M
G E N T E M X E T T M I X I B
E D Y E I I P U O O N W G U
U T K L X W C S S E M A Z Z G
A B B R E V I A T I O N E M R
N O V E M C E R I T H A C O S
O W F V D S I T N E D I C C O
P E G K R Z L N G Z H C U J Z
```

DEORSUM
SUMO
OSTIUM
PERDERE
ABBREVIATIONEM
RADIX
ANIMOS
NOVEM
ALIQUAM
COMPUTUS

ERITHACOS
NICELY
OCCIDENTIS
GENTEM
CIVIS
FIERI
FILUM
QUARTO
COMPLEXU
HOMO

Puzzle 13

```
I  T  E  M  V  C  L  H  V  K  R  X  N  F  W
T  V  X  A  I  L  O  M  E  R  T  X  E  B  D
O  T  H  L  C  C  A  M  U  I  R  E  P  M  I
S  E  C  L  E  Z  O  F  M  D  U  L  L  I  V
U  E  R  U  M  A  F  E  F  E  L  S  E  T  O
S  C  A  N  C  U  R  O  G  I  R  G  V  R  C
S  A  E  C  U  L  O  R  N  I  C  C  V  A  A
E  O  S  S  T  A  R  E  Y  X  D  I  I  P  N
R  F  E  X  P  L  O  R  A  R  E  T  U  U  T
G  V  R  F  W  R  C  Y  C  E  D  S  F  N  M
O  L  E  R  K  Y  D  L  Y  X  G  W  A  C  T
R  F  P  R  R  N  I  M  A  N  E  T  C  Y  G
P  Z  N  X  Y  S  N  H  I  C  B  C  T  G  P
A  D  V  E  N  E  R  I  T  L  Q  B  O  E  G
```

COEGI   AFFICIUNT
VICEM   STARE
EXPLORARET   MANET
RESEARCH   CURO
VOCANT   ADVENERIT
ILLUD   SAECULO
EXTREMO   FACTO
ITEM   NULLAM
PARTIM   PROGRESSUS
COMMERCIUM   IMPERIUM

Puzzle 14

```
A  M  J  C  U  R  R  E  R  E  M  U  A  L  N
I  E  F  K  Y  U  L  C  C  Q  I  P  N  O  C
S  T  W  R  H  F  C  X  O  P  S  O  P  Q  A
M  N  E  M  U  L  K  W  N  Y  C  T  F  U  P
E  D  A  R  T  X  E  U  V  L  E  E  H  E  U
N  X  E  Y  U  W  Y  W  E  L  R  S  O  N  T
O  B  E  C  T  M  Y  S  N  U  E  T  M  D  R
I  K  F  M  I  H  A  U  T  F  K  C  I  I  E
S  M  V  H  P  M  C  S  U  P  H  A  N  P  Q
A  E  V  Q  R  L  A  O  S  L  G  P  E  Y  U
C  Q  T  G  D  W  A  I  D  E  M  I  M  T  I
C  J  D  I  K  G  N  R  A  H  Y  T  K  J  R
O  M  E  N  R  C  M  U  P  Q  W  I  T  G  I
Q  M  I  U  R  J  D  C  G  P  Z  S  E  R  T
```

LOQUENDI	OCCASIONEM
EXEMPLAR	CURIOSUS
MISCERE	RES
HOMINEM	LUMEN
CONVENTUS	REQUIRIT
MEDIA	DECIMA
NEMO	CAPITIS
HELPFULLY	CAPUT
EXTRA	POTEST
ITERUM	CURRERE

Puzzle 15

```
A  Z  C  P  P  A  R  T  I  C  I  P  E  S  C
R  Z  A  R  A  R  C  H  I  T  E  C  T  O  R
O  I  G  A  R  F  F  U  S  S  Z  Z  M  T  E
O  R  P  E  X  T  M  B  Z  P  P  N  U  P  D
B  M  J  T  N  U  I  T  N  E  S  A  I  A  E
T  X  W  E  E  J  A  I  K  C  P  C  R  C  R
I  X  S  R  D  L  M  U  T  N  A  U  Q  U  E
N  J  E  E  L  X  C  L  V  I  V  O  C  E  M
U  R  X  A  C  A  V  O  E  R  W  H  B  E  Q
I  Z  D  U  P  Y  B  V  L  P  J  X  F  Z  D
T  C  Y  I  Y  P  K  O  A  W  O  Y  M  L  J
F  R  A  N  G  E  R  E  R  B  E  L  L  O  H
N  O  T  I  T  I  A  M  S  E  R  A  L  I  H
H  U  M  A  N  I  T  A  T  I  S  D  W  V  W
```

PARUM
VOLUIT
VELA
PRINCEPS
LABORE
NOTITIAM
VOCE
FRANGERE
ARCHITECTO
PRAETEREA

HUMANITATIS
SENTIUNT
BELLO
HILARES
CREDERE
OBTINUIT
SUFFRAGIO
PARTICIPES
CAPTO
QUANTUM

Puzzle 16

```
A A J P M C I M O N O C E P A
K E D U T N U U S N O C I R E
K K T N K F H L R A R M W O S
J N A A S V W L P V R A L P T
M D S Q T U M Q V A E I V R I
N O V A M E Y O D Z F T S I M
A N A M U H G M A L L E O I A
O D J V T H W G U F W W Y S T
O K F E R E U B I R T S I D I
E X I G U A R U M N U T E X O
T B Y Z F E O X T R A T L A N
E F F I G I E S P G S N U A E
S N O W M A N E C Y P L A F E
A U C T O R I T A T E M Z F G
```

FERRO
DISTRIBUERE
FURTUM
AETATE
SNOWMAN
EXIGUARUM
MALLEO
AUCTORITATEM
PROPRIIS
EFFIGIES

AESTIMATIONE
HUMANA
CONSUUNT
ECONOMIC
ETIAM
NOVA
SAT
ALTA
FUTURUM
CULPA

Puzzle 17

```
V I N D U S T R I A S S C C N
K E L A V I I M U C T E O O Z
P D N E F I E L E J A D N L H
H U T I A I R I S Q T E S L O
U E A U S N H M K V I N E I Q
Z Y Z H U S T T J I O S N D V
A M C V T B E I C D N A S E O
I D S C A O C T Q I E S U K L
R C D C N B L E C U F O W W U
O P Y U Q P O T U N E N A Z M
E A S I C O V S V P C U G M I
H L G S S A X M G C P S S F N
T I K Y N T M A R T I F E X E
C I C R L G R A V I T A T I S
```

ARTIFEX   SEDENS
INDUSTRIA   STATIONE
VALE   ANTIQUE
VOLUMINE   IRIS
VIDI   COLLIDE
VENISSET   CONSENSU
ELEIFEND   SONUS
GRAVITATIS   ALII
ADDUCAM   THEORIA
STETIT   NATUS

Puzzle 18

```
D R A C H M A M A S N Y F L G
O I C R E M M O C R U N N F I
D F O R M I D O C R M I O W P
F O R T I U M P U E Q P C B T
B I F B A R K E M S U T Y B S
E R E V L U P T S P A T T U G
L P Y V I H D E A O M K Y W U
D A J Z E S E N N N E K Z N P
H F T O N L I T F S B I H Q J
B M X E A N N I A U M S U M V
P K H B R E D B Y M S U Y S S
B R E V I A E U P E T I T I O
S A T U R N I S I N G I U J X
C U R R I C U L O G E R U N T
```

SATURNI	CURRICULO
NUMQUAM	GERUNT
IGNIS	DRACHMAM
LATERA	COMMERCIO
ACCUMSAN	PETENTIBUS
PETITIO	ALIENA
BREVI	FORMIDO
GUTTA	PULVERE
EIUS	DEINDE
FORTIUM	RESPONSUM

Puzzle 19

```
X H U A E D E S L J P A T M C
G I C T O L K O F I A U S O O
U G L G R G L C I H R T P R M
N H W V J U E I G X V O I A M
G W N W E D M L U M U M R L O
U A I V Q N X W R C S O A I T
I Y B H K O I G A G N B N S A
Q U A T U O R T H R E I T Q Q
P E R M I T T O R F G L L P J
K L X X B M X I R U A E Q B T
G O O S E B E R R Y M U U Z X
L K L R O L H D W R Q O O B M
P R A E T E R I T A G T R E S
W R T N C B X X T V J F T Q I
```

MORALIS   TRES
COMMOTA   PARVUS
UTRUM   HIC
AUTOMOBILE   QUATUOR
FIGURA   QUO
HIGHWAY   GOOSEBERRY
AGENS   PRAETERITA
AEDES   SPIRANT
UNGUI   NITRUM
ILLE   PERMITTO

Puzzle 20

```
C E C I D E R I T I C Z U C Z
M C L U C Z P C T E U S L O D
R E V N H I M O T A P I I N G
M U N D U M B A T C H N F D M
U D E D I T O I C S I E N I M
T G W I R Y L S C M E S H T D
I A D A R A P E A R P S A I C
D P C S W M U L O S W A B O K
A Y R T S M Y C E V S T E N V
R E J O U L T C G P U R R E X
T S S K D A R E C P T O E M H
L S T F F E L E R R E F N O C
C E I I E M S L B I O L O G Y
F N I P D D Z T Y V C O H L B
```

COETUS
ACTUALLY
TRADITUM
MUNDUM
HABERE
ATOMI
PRAEPARA
PRODEST
BIOLOGY
IBI

DEDIT
FORTASSE
ESSE
SOLUM
CECIDERIT
BATCH
SINE
ECCLESIA
CONFERRE
CONDITIONE

Puzzle 21

```
D I C I R E G I O N E Q A G E
A C U E B T E L O S I Z U B X
I L P T F A U C I B U S D Y P
L F X E A R U N N O T A A P E
A J T N R O M U A Y L X U C
L G N U S M B S T R C C L T T
A S U I T E R K K Q I Y Y O A
N G D S O M E M J J T B Z M T
R I N Z F M L O I Y A U U H A
V N U O H O L R M U L T O S Q
C X F N S C A E N G I S N I L
Y G N N J C R E O P Y C V C L
O R O Y Z O I Q U A M V I S J
T O C U D L X S M O W I I V Q
```

UMBRELLA
DICI
MORE
QUAMVIS
INSIGNE
NARIBUS
CONFUNDUNT
ACU
AGNOSCIS
EXPECTATA

FAUCIBUS
AUDAX
SOLET
PUTO
NOTA
ALIA
MULTO
COMMEMORAT
REGIONE
TENUIS

Puzzle 22

```
J O I O X T Y D N B T J D I P
Q A Q S U Y C E R E N O P P A
V F L U X U M N K X U D S B G
A E S T A T E A E M I X A M F
X F F B Z M H R G R C D C M U
Z A N H R G N I D S I E U E M
K I D D I N G U M I P R R L U
N R P U T I N M J V S E R I S
M O J U G B N O I O N C U U Z
I T M E Q U U S D N O O E S Q
R S E I W W N B I U C N V R I
U I D V N H K J N S M G R K E
M H P W K E T R A C T A T U S
O V E S T I U M X H Y N V K V
```

CURRU

KIDDING

NOCERE

AESTATE

NODUM

HISTORIA

APPONERE

TRACTATUS

FUMUS

NOVIS

EQUUS

MIRUM

DISCERE

DENARIUM

MELIUS

FLUXUM

NOMINE

VESTIUM

CONSPICIUNT

MAXIME

Puzzle 23

```
P  W  A  S  M  V  O  J  G  U  R  Q  M  J  M
I  B  T  A  U  B  B  L  J  T  Y  E  D  Y  A
C  B  P  L  M  B  L  L  V  E  A  A  D  E  L
T  H  M  L  I  S  I  H  U  I  M  R  G  R  L
U  T  U  I  R  K  V  R  J  D  Z  U  P  T  E
R  A  S  G  U  K  I  F  O  G  I  M  A  E  U
A  S  N  A  L  B  S  I  E  P  Z  S  R  N  S
R  Y  O  T  P  V  C  O  Q  R  R  W  C  E  A
N  E  C  U  K  Q  A  H  D  N  E  O  O  N  P
Y  S  V  M  S  Y  R  O  G  E  T  A  C  T  E
Q  B  N  E  U  Q  I  N  E  D  N  J  E  U  R
F  A  T  U  L  O  S  B  A  R  H  Q  C  R  T
E  L  E  C  T  I  O  N  I  S  J  S  N  W  A
F  L  U  D  O  R  E  L  I  G  I  O  N  I  S
```

OBLIVISCARIS	NEC
EARUM	APERTA
PARCO	CATEGORY
ALLIGATUM	CONSUMPTA
TENENTUR	RELIGIONIS
ABSOLUTA	ELECTIONIS
DENIQUE	LUDO
PICTURA	FERE
CORPORIBUS	PLURIMUM
LUDIS	MALLEUS

Puzzle 24

```
J  X  I  M  D  D  C  A  L  O  R  U  Q  N  L
K  C  U  Q  I  E  M  A  X  I  M  A  M  U  Y
D  B  D  S  C  M  U  M  U  J  F  B  O  S  B
I  M  I  E  A  O  N  M  A  L  E  T  R  E  C
M  Q  C  C  R  N  O  T  D  C  D  P  B  A  R
I  S  U  U  E  S  B  U  N  R  L  T  F  M  L
D  U  M  R  G  T  O  A  U  E  N  S  V  U  A
I  A  V  I  U  R  W  E  C  A  X  T  A  C  E
U  X  A  T  U  A  W  G  E  T  V  H  C  G  X
M  H  R  A  S  N  S  U  S  S  E  F  O  R  P
Q  A  I  T  L  D  N  A  T  U  R  A  L  I  S
L  S  O  E  S  U  T  I  C  R  E  X  E  H  F
B  S  S  M  O  M  E  X  A  M  I  N  A  R  E
R  E  M  I  S  S  I  O  N  I  S  B  N  V  F
```

MALE	SECUNDA
DICARE	CREAT
PROFESSUS	MAXIMAM
BONUM	SUA
DEMONSTRANDUM	CERTE
TACE	DIMIDIUM
SECURITATEM	IUDICUM
EXAMINARE	CALOR
NATURALIS	VARIOS
REMISSIONIS	EXERCITUS

Puzzle 25

```
R E T P O C I L E H N O H U U
Z V F O L K L O R E X D I V O
L A W M L C O L I M M N L O L
A N D J A C T A R E U C A L P
E E Y U U Y I S L N S F R E C
T S O W D O V N N I O O I X E
A C I X I Z O E M D R Q S E S
B U L S S Q F R D U E Z U R S
U N Z D R O I R E T N I T C A
N T P H I E K U B I E H I E B
D L A W A W V C F G G Q D R I
U P P T N U D I C N I T U E T
S U B I T N O M D O U Q A V J
T F U T U R A J H L H B H O C
```

HELICOPTER	HILARIS
QUOD	INTERIOR
MONTIBUS	DIVERSIS
FUTURA	FOLKLORE
LAUDIS	FOVIT
PLACUERAT	LAETABUNDUS
INCIDUNT	AUDITUS
EXERCERE	GENEROSUM
EVANESCUNT	CESSABIT
LONGITUDINEM	CURRENS

Puzzle 26

```
I  R  A  T  E  L  U  M  A  I  C  U  D  I  F
P  N  T  H  S  K  S  U  B  I  H  S  R  J  D
F  L  S  A  R  T  E  A  P  X  M  X  K  U  H
D  L  U  T  N  M  A  D  O  F  I  N  G  E  E
I  I  G  V  A  D  N  U  P  F  X  B  E  V
F  T  N  J  I  B  M  E  T  U  L  A  S  U  D
F  T  A  M  L  A  I  I  E  C  H  A  R  T  A
E  E  U  O  U  R  K  L  M  E  R  T  A  R  F
R  R  R  B  C  F  M  M  I  M  I  S  S  E  P
R  A  I  O  O  N  Y  N  C  T  R  O  G  X  L
E  S  E  I  P  I  C  N  O  C  A  J  J  D  U
P  R  O  R  S  U  S  R  H  V  O  T  E  W  L
G  O  W  Z  I  B  N  O  R  J  I  Z  E  D  G
A  Z  S  P  G  N  O  I  U  H  J  Z  K  A  S
```

PESSIMI	FRATREM
CONCIPIES	FINGE
INSTABILITATE	PRORSUS
ANGUSTA	ARTE
INFRA	UNDA
TELUM	DIFFERRE
PLUVIA	SALUTEM
PONTEM	FIDUCIAM
CHARTA	OCULI
NOVI	LITTERAS

Puzzle 27

```
B N Y G T W F P X L A R E J M
G I N N A B A A X L F C D R A
I R U C E H J R E T P O R P R
Y L A N B V M A D V K I J V C
A O Q T G N V S U M A V I V U
P B L G I E S C I G T D W C S
P O B R W A R F S L T Z H J Y
A T V P N Q R E N U P E R U J
R Y D S E I N U M M O C X P C
E O T R E V D A M I N A O I Q
N I M P E N D E R E L I M I S
T T I N G R E D I U N T U R W
V A L E D C H L A M Y D E M E
C R A Y O N S T E M P O R I P
```

COMMUNI
INGREDIUNTUR
ARCUS
TEMPORI
IUNGERE
CHLAMYDEM
IUDEX
RATIO
GRATIARUM
VIVAMUS

ANIMADVERTO
APPARENT
PAR
ANNI
CRAYONS
PROPTER
SIMILE
ADHUC
IMPENDERE
NUPER

Puzzle 28

```
S D O B S T R E P E R E T U R
U E R E M A T E R T E R A D Q
C P S Q T E M P E R A R E E T
C R S U B O U D U R O A K V J
E I O E O P P I D U M B D O L
S M R S F K A T N I G I R T M
S A L E C A S T E L L U M E S
U T L E U O E A M A S S E E C
F B G Y X T I B I X H I D X I
T A R D U S T A R V O J N U E
S T Q J J N N C C U R A V N
B D G L D E E H S C F L T Y T
M N S O T M S C I D B R P A I
I N V E N T I O D O B K S T A
```

DISCRIMEN   OBSTREPERETUR
SCIENTIA   LEX
TRIGINTA   TARDUS
SUCCESSU   PLUVIAS
TUERI   OPPIDUM
TANDEM   DEPRIMAT
EQUES   TEMPERARE
MATERTERA   SENTIES
DEVOTE   CASTELLUM
INVENTIO   DUOBUS

Puzzle 29

```
A A W M A R T S E N E F V B S
L D S U L U C N U V A E R L P
T U R S F E L I X E E R A I E
I B J M A L L E T S V I X G C
T I J S W E D U X Y W A K D I
U T F U I T O T N A T S I D A
D A P R A E T E R I T U M X L
O V P Q U A E S T I O N E M I
L I L L I A A N G L I C U S S
E T A N A S T U R C I U M W Q
F O B T W A W T Z R C L O H D
P L I I N S T R U M E N T U M
K R U P O N D U S I G G H B X
H X M U R T E M O M R E H T M
```

ANGLICUS   DUX
FUIT   SPECIALIS
INSTRUMENTUM   DISTANT
THERMOMETRUM   FENESTRAM
NASTURCIUM   DUBITAVIT
AVUNCULUS   PONDUS
ALTITUDO   LABIUM
STELLAM   FELIX
FERIAS   ASSAE
PRAETERITUM   QUAESTIONEM

Puzzle 30

```
A L U G N I S U S S A P P V B
V E T A L K V M S E M I A I M
W A D B K W W I B R L S U R X
N Z R I H H S S V E R C P T L
C E J I F D O N E C V E E U P
B R T C E I A E Q U O S R T E
V E K W N T C S P D L A I I R
R N J Q O U A I S E U A B S S
S O Z U R R T U R N A U N P
O P D B R N K G E M T U S Y I
K S W I A L I E N I Y A T P C
M I W S P A T I U M B R W H U
W D K B G H L I G N U M H O U
S N I S I A Z R C W M Z Z Y M
```

AEDIFICIUM
SPATIUM
VARIETATE
VOLUNT
NETWORK
LIGNUM
PERSPICUUM
DONEC
VIRTUTIS
SINGULA

PASSUS
PAUPERIBUS
REDUCERE
LATE
SENSIM
NISI
UTI
ALIENI
DISPONERE
PISCES

Puzzle 31

```
F M E N T I O N E M B M T C T
D O D Z L M W X S A L T Y O N
I D L J L S Y K U S B T I M P
A E W L Z C M Y B U E S X M O
M T D T I R E S I M R E P U S
M E M C D C X B L I A R A N S
I R Q E Y M U F A O D U G I E
X M K A S S N L R K U T I S T
T I M O V E A T U E A P I I A
A N C A U T U S M S L A D T K
E A S A P I E N S I W C E E W
Y R E X A M I N E G N B M E D
H E R E U G R A G A W K L K K
I N I M I C I X T M N D G D I
```

DIAM
CAUTUS
DETERMINARE
LAUDARE
POSSET
IDEM
EXAMINE
SAPIENS
MOVEAT
INIMICI

PERMISERIT
FOLLICULUS
MAGIS
MURALIBUS
SIT
ARGUERE
CAPTURE
MIXTAE
MENTIONEM
COMMUNIS

Puzzle 32

```
E T D A T S I R C O I D E M H
X R H O C S I D A D N E D D A
P I B S E U N T E M V M T E B
E B A N O T H A Q T O P H K I
C U E D R P Z O S U L U C O T
T T O R D A O Y O S V V M C A
A U N G U E A G V U E N E B V
T M V P Q M U W O U R Q A D I
U V U C F T P D N S E F R S T
R I T T Y V N A P J V U U B I
O L V L I P P Y N N I E T H T
R K W W Z B E O P T D T L V K
M A S S A M M I F S I L U C O
N S D S S L W A A O T I C F L
```

SUUS
EXPECTATUR
VIDIT
OCULUS
BENE
OCULIS
ERUMPANT
EUNTEM
CULTURAE
NOVOS

MEDIOCRIS
ADDENDA
APTUS
MASSAM
ADDE
DISCO
HABITAVIT
INVOLVERE
TRIBUTUM
AMBITUM

Puzzle 33

```
Q J O L V E D B T U L S M Q P
C K Q B I A X I R N X E O I E
V A P S X J G I Y T Z P R N N
D E C I M O Z U T I W T I S I
D A F L C U M W F I E E B T C
E R J U O Q T A L C A M U A I
S C B C K N A C R L H L S N L
T E R A J I B V A T J R E T L
I M K I S L E U V F I J D I A
T I B A U E B L H N K S C U T
U Z C U T R A T V E N T U M O
T W H T C W H T E R M I N U M
A I M B E C I L L I T A T E S
H O R O L O G I O W Y C B V U
```

MARTIS	MORIBUS
IACULIS	HABEBAT
VENTUM	EXITIALE
TERMINUM	RELINQUO
PENICILLATO	VIX
FACTUM	DECIMO
INSTANT	ARCE
HOROLOGIO	LECTUS
VULT	IMBECILLITATES
DESTITUTA	SEPTEM

Puzzle 34

```
C U L T R O D A R O D G P A P
O N A M B I T I O N I B E X E
L S E N S U S S N E K T R Y R
L B P A W B I M L D V L A X I
O V F R A A R C T I C U M R T
Q U S U L N B D I R T M Z T O
U P O S U I T O L Z E U I E A
I Y V N L A R M U A N R F R T
U S V E L S K U P N E I O R Y
M Z U M E M H M M M B S R A O
I N F E C T U M I U R Y O M W
X H D S C V X M I N I Z A X S
E K A F O F B O T D S Q D A J
W G Z G G N B D L I T U D X V
```

FORO	AMBITIONI
CELLULA	PER
TERRAM	POSUIT
INFECTUM	IMPULIT
COLLOQUIUM	MUNDI
DOMUM	TENEBRIS
RIDE	MURIS
ULTRO	PERIT
ARCTICUM	MENSURA
SENSUS	ORATIO

Puzzle 35

```
V L Q G A A B V A P T F N Z S
P O Y A Z W L A I D N U S I T
C H L M G O U N P G D K D U U
O E E A T I V P O U I I X J D
N J T O N I O L C I E N U E I
D W S D I S K L H C Q V T S I
I D F R A L U B A T E C A I S
T C D Q W U Q U I C Q U A M H
U K D K T I G E R F V O C E M
S A U C T O R H A L I U S F A
C F O G L N O I T A C U D E N
O R D I N A R E S E D E P T I
S U B C O M P A C T R W D C T
P E T R O S E L I N U M U P U
```

CONDITUS	VOLANS
DAUGHTER	VITAE
VIGINTI	SUBCOMPACT
STUDIIS	ALIUS
ACETABULA	PEDES
QUICQUAM	EDUCATIO
COPIA	UTINAM
AUCTOR	VOCEM
PETROSELINUM	ORDINARE
SUNDIAL	FREGIT

Puzzle 36

```
I  V  B  D  U  V  A  S  W  L  Y  L  A  C  K
N  S  F  D  E  E  R  X  N  A  M  I  U  A  A
I  O  T  G  P  C  X  E  C  X  F  N  D  V  Y
U  F  A  K  V  L  L  U  S  R  U  G  A  I  P
R  M  P  X  E  Y  R  A  W  P  H  U  C  T  R
I  E  P  E  G  Z  Z  D  R  G  I  A  I  A  O
A  D  A  I  N  E  G  N  I  A  D  C  S  T  P
M  I  R  M  O  L  E  S  P  G  R  V  E  E  E
Z  C  E  U  L  F  J  H  E  Y  B  E  N  M  Q
G  U  T  L  C  O  M  P  O  S  I  T  U  M  O
X  S  I  U  A  Y  I  W  C  Y  F  O  O  G  L
L  J  X  C  G  Z  P  C  J  Q  T  J  U  G  M
Q  Z  I  A  R  O  O  R  A  G  N  A  K  Q  J
Y  Z  D  B  O  B  N  M  T  F  E  E  R  J  T
```

COMPOSITUM DECLARARE
LONGE   AGRO
COEPI   RESPICE
INGENIA   KANGAROO
MOLES   DIXIT
MEDICUS   INIURIAM
LINGUA   PROPE
BACULUM   AUDACIS
CAVITATEM UVAS
APPARET   FACIO

Puzzle 37

```
A G H D F D L I I C U R A X Y
X Z W W X F O O H T T X P R E
P H F M M D F M S K E N E N D
H Q F Z U R D E I F G R H F N
V E R E S T Q O E N A E K D S
V E R B I S Z N M S A T L P R
C V Q A V X T M A I I N D N L
F A B U L A T O E V N I T M T
P H Z O Q P R S J A K I Z U C
O P L A S R E V I N U S C C R
P E R F I C I E N T U R R A E
N T Y M E U R E L A X A T P P
F E R U N T Q U A L I S Z T U
K X D T S I N I D U T I L O S
```

DOMINANTUR   FERUNT
VERE   VERBIS
FABULA   UNIVERSA
VISUM   SOMNO
INTER   SOLITUDINIS
SUPER   CURA
PERFICIENTUR   QUALIS
ITER   RELAXAT
EAM   DOMINICA
EIS   NAVIS

Puzzle 38

```
W D R A N M N L J V E W U X G
O I T A T U P S I D W Z Q N X
T P V G F F M U G E L P K Q A
C U T E L B A T R O F M O C I
P O N I W Q C I U R E U C N L
T K N F M U H M Y L R S A N U
E S V A A E I C B T E L L X G
A N S I R E N E G T D A C S N
F E R R I E A Q Z Q N F U A A
X I M M U I T E R P O V L X I
C C M A I N O U Q W P K U P R
G S U S R U R Q R A S D S E T
C O L L I G U N T W E Q F D P
A S S U M E R E L F R R K F D
```

FERRI
COMFORTABLE
RURSUS
PRETIUM
ASSUMERE
OPTIME
LEGUM
SCIENS
MACHINA
IURE

COLLIGUNT
DISPUTATIO
TRIANGULI
RESPONDERE
FALSUM
UNO
CONARETUR
QUONIAM
CALCULUS
GENERIS

Puzzle 39

```
E Z V J K M Z N P I R Y C A R
M E M J H U L P L U M E O L E
L I A N I L P I C S I D H I L
O N N L X U C O J T A C A O I
Q L O O S C U C W I Q O E R N
U P R Y R E I C G I Q N R U Q
I Q O J O P U U R G P S E M U
X C C I V S S P A E X U N A E
M D F H Q W H A T L Y M T S R
O U V A R I A T I L J E I U E
R D M F R Q U U A O W R A A V
I E C I T Y J S S C I E Q C N
C O N T R A R I U M J C X Q A
I V U R N P N C Q H J G E Q T
```

COLLEGII
IECIT
LOQUI
RELINQUERE
CONSUMERE
OCCUPATUS
CAUSAM
CORONAM
PRIMUM
SPECULUM

MINOR
ALIORUM
DISCIPLINA
IUSTI
ICE
GRATIAS
COHAERENTIA
VARIA
CUIUS
CONTRARIUM

Puzzle 40

```
B  F  H  K  I  X  T  O  G  T  I  L  L  M  K
Q  A  O  P  A  T  E  R  N  V  R  E  I  I  P
E  C  M  U  T  U  L  O  S  B  A  C  B  D  T
A  E  I  U  S  Y  Z  Q  M  R  R  T  R  E  E
F  R  N  G  D  T  O  J  G  I  I  I  A  N  R
M  E  E  D  A  R  T  U  R  S  M  O  S  T  M
L  E  S  L  E  G  E  R  E  U  F  J  D  I  I
C  P  N  N  D  O  Y  T  H  M  W  R  U  T  N
D  Z  B  T  F  I  N  A  N  C  I  A  L  A  U
D  U  L  J  E  Y  D  G  M  I  W  L  T  T  S
W  D  M  P  J  M  K  I  L  C  A  F  G  I  J
E  X  H  I  B  E  N  T  T  A  Q  W  E  S  A
O  P  T  I  M  U  S  I  N  T  E  N  D  E  R
U  V  K  V  E  N  A  L  I  C  I  U  M  G  R
```

HOMINES	FINANCIAL
PATER	OPTIMUS
TERMINUS	VENALICIUM
EXHIBENT	LECTIO
FACERE	ABSOLUTUM
INTERDUM	INTENDE
DUM	LIBRAS
MIRARI	RISUM
IDENTITATIS	TRADE
LEGERE	MENTEM

Puzzle 41

```
M O M A I N E V D R F D B R E
F A P U T C I L F N O C G T X
O G N U S U H T N A I L E H P
R I M I S I Q T B R Q G E S L
E G O M F H C E Y K J N V D I
L N D C M E R O M U H E E K C
I A E G P L S L R V L O N T A
B T S X P S R T E U D O T F R
I H T N W F N S A L M O U X E
G A U G E N E R A T I O S I J
I E S P C A N D I D A T U S N
L S P O N G I A T N E V N I C
E A B S O R B E T S C I U N T
S A N G U I N E M Z R L R H E
```

HUMOREM   VENIAM
FORE   GENERATIO
ABSORBET   MUSICORUM
OPUS   CONFLICTU
SCIUNT   SPONGIA
ELIGIBILE   CANDIDATUS
EXPLICARE   INVENTA
MODESTUS   EVENTUS
MANIFESTA   GIGNAT
HELIANTHUS   SANGUINEM

Puzzle 42

```
V Q N A Y L R L E K M L S Q U
C W O Y J E U B A N R U I D N
P S P I R I T U S M A T O T D
A E N O D I N G P T I R Y U E
S I C I M A E R O E R U E T C
R G S U W J R A P R E T D S I
Z W F J N D E V U T T A E U M
M G C N L I T I L I A E L T Y
Q J V W Q Y A B U A M D I P N
A C D O L U P U S K A I C M G
O S A T I S O S T A T V A U A
Q U A R T A M Q X W T F T S O
C F N H B P E V U T A M A K O
S D X U D F P S U E N M Y U J
```

PATERENTUR   IDONEA
POPULUS   MATERIA
UNDECIM   TAM
QUOQUE   SPIRITUS
DELICATA   TERTIA
SATIS   SUMPTUS
QUARTAM   TOTAM
PECUNIA   NARES
GRAVIBUS   AMICIS
DIURNA   VIDEATUR

Puzzle 43

```
Y  X  E  P  F  E  R  R  E  T  H  Z  P  D  E
H  I  L  A  R  E  M  B  K  N  I  C  Q  O  Q
D  G  V  S  I  I  G  E  R  H  T  U  D  C  T
Z  K  U  U  A  C  I  L  B  U  P  R  A  E  C
C  B  D  S  N  P  R  H  C  M  M  V  M  R  R
T  A  O  I  E  O  I  R  U  A  H  A  S  E  E
M  R  V  V  R  R  G  E  O  C  U  E  E  A  X
R  A  O  E  A  O  L  M  N  W  W  C  L  L  A
G  H  X  J  H  L  G  I  T  T  O  R  F  I  O
Q  U  I  N  Q  U  E  T  C  I  I  C  L  Q  O
C  R  U  R  A  T  D  T  H  N  I  A  Y  U  B
P  X  T  U  E  A  Y  O  X  E  R  S  N  O  B
S  L  Y  X  G  R  Z  D  L  V  Z  F  D  G  A
Z  U  D  D  M  G  P  E  R  F  E  C  T  U  M
```

DAMSELFLY	QUINQUE
VISUS	CRURA
HAURIO	CURVAE
PUBLICA	REX
VENIT	ALIQUO
MITTO	PERFECTUM
CAVE	DOCERE
SAPIENTIA	REGIIS
HILAREM	HARENA
FERRET	GRATULOR

Puzzle 44

```
K  P  J  P  T  R  O  P  I  C  A  E  P  S  Z
L  I  E  L  R  F  P  N  N  E  R  I  R  I  X
Y  P  Z  T  V  A  Q  G  S  Q  U  J  A  G  I
T  S  U  T  I  R  E  P  D  U  T  N  E  N  N
L  E  C  T  A  T  C  M  V  U  N  D  C  I  V
Q  X  O  A  V  A  I  P  I  M  E  E  I  F  A
M  U  T  C  E  I  B  O  Y  U  V  N  N  I  D
U  D  A  R  G  H  X  K  N  G  M  S  C  C  E
Y  J  L  E  B  S  I  A  N  E  A  I  T  A  N
V  A  O  Z  R  S  O  U  U  W  M  S  O  T  D
V  A  L  D  E  I  I  T  B  Z  Y  S  R  G  A
T  A  B  U  L  A  T  E  F  J  G  I  I  V  M
S  O  N  I  T  U  S  M  X  P  L  M  U  X  E
T  E  N  U  E  S  T  N  X  A  Z  A  M  O  I
```

OBIECTUM	PERITUS
DENSISSIMA	SIGNIFICAT
INVADENDAM	VALDE
PRAEMIUM	QUAERIT
PETITIONEM	SONITUS
TROPICAE	TABULA
LECTA	GRADU
PRAECINCTORIUM	AUTEM
EQUUM	BUNNY
VENTURA	TENUES

Puzzle 45

```
O O T L Y O U M Z D R G T F S
F E O V S O S B A M B R E L T
F C O J C M I L Y I C D P W U
I O T M E T N U S X O K Z H D
C N H L Q R S J Y V I R U N I
I O B I L L E B C H O A I K U
U M R B A C R F A T E O R S M
M I U E R L E M Q V I O T I C
T A S R L D M U I D A L G W W
E U H Z T N U I P I C N I E B
U K N G A Y S U T A R A P H P
Q L K C S T I P E N D I U M V
I D I R E C T I O N E M R S I
L C P P K D L I G A T U M K C
```

INSEREMUS	PARATUS
SUNT	EGO
MAIORIS	BELLI
STUDIUM	LIQUET
LIBER	CITO
GLADIUM	OECONOMIA
LIGATUM	DIRECTIONEM
OFFICIUM	FATEOR
STIPENDIUM	INCIPIUNT
TUNC	TOOTHBRUSH

Puzzle 46

```
L A I V R T N I N U D L J D H
V O I V E E A M A N U E B U A
A I N L P R T A V I F Z S O B
R N P G P R U G I T Q O A D E
I S O Q I A R O G A A F D E N
A T T Z L S A W A S R W O C S
B I I V F U S L R A C U S I L
I T U Y G L T I E N V X Z M D
L U S Y Z U N C M U R E M U H
I T A Y S C Q J U I Y L Y N E
S I T H H R P E C W I I Y M O
U O N J I I L A U G H A B L E
F N S P E C N I E D U R R E S
M E Q B D X R A P T A E F H G
```

RAPTA   ACUS
DEINCEPS   DUODECIM
HABENS   IMAGO
TERRA   CIRCULUS
UNITAS   LONGISSIMI
ILEX   NATURA
INSTITUTIONE   FLIPPER
CUM   HUMERUM
VARIABILIS   NAVIGARE
POTIUS   LAUGHABLE

Puzzle 47

```
E K V Z D W P X J E N E E F D
G X F I C W L L O M L R X A E
C U C S A M U T P A K E I M S
U N C I T A R C O M E D N I E
R U R T T E E F A A K N A L R
A M E A H A S F P O N E N I T
B Q C T T R T I R N W T I A U
I U T S W U W U A A T X V R M
T O U E N T F D R A C E I I U
U D M A D C G R B G W T T S S
R Q F G K U F G L E N U A T C
Z U Z R Z R D O M I N A T U R
S E O I I T S T A T U E R E K
Q V Z V K S I T P E C X E J F
```

DEMOCRATIC   CURABITUR
STRUCTURA   AGE
AESTATIS   UNUMQUODQUE
DESERTUM   APTUM
STATUERE   RECTUM
EXCEPTIS   VIA
EXCITATUR   FRACTA
FAMILIARIS   EXINANIVIT
VIRGA   EXTENDERE
PLURES   DOMINATUR

Puzzle 48

```
G S N T K E Z G B E R C P E S
M U I C I R F I T N E D U G I
E T I Z U H H M J I Q S B R I
A I I D U I O K G M U A L E J
W L T U O G A N I R I N I G O
S C L A M A V I T A R G C I A
J E D E U M B R A C I U I I F
M A T R I M O N I O T I M L F
D E N A U V E B I V U N E L E
I T O R E I L U M S R E Y T C
G R U T A B E U Q O L W B F T
N F A N X P J D O M I N U S U
U N O I T A Z I N A G R O I S
M H E Z P G P L E R U M Q U E
```

DIGNUM

PLERUMQUE

DOMINUS

LOQUEBATUR

INTRARE

GUIDO

MATRIMONIO

LITUS

CLAMAVIT

MULIER

PUBLICI

AGO

SANGUINE

ORGANIZATION

CARMINE

UMBRA

REQUIRITUR

AFFECTUS

DENTIFRICIUM

EGREGII

Puzzle 49

```
H H M O I R A T N E M M O C Z
E Y O L P G T E O I S K U Y A
D T R N Z X N F N Q B H V L V
G Y C U O C H O B N A C T N S
E P F W O R M U R T N E C J C
H I L K V Y E H X A R C A S R
O C M U T A T I O O R M L I I
G A Q Q E X W U O C Y E O N P
L L C X L X A E W T Q N S S T
C A P U T R I M C O V S I U O
I L B L V O V G L N U F V L R
G I I O N S I L E E F H A A K
H P Y B Q R P T V R J O L M N
U X I E D E P I T N E C C V L
```

COMMENTARIO
SCRIPTOR
SACRA
CLAVIS
HONORE
EXIGERE
TYPICAL
IGNORARE
PILA
CENTIPEDE

HOC
NON
INSULAM
ROS
CENTRUM
HEDGEHOG
CAPUT
MUTATIO
SOLA
OCTO

Puzzle 50

```
P  V  A  L  E  N  T  I  N  E  P  P  A  E  T
E  R  P  E  R  V  E  N  I  T  S  S  N  X  N
N  T  O  H  M  U  M  I  T  L  U  W  C  P  C
O  I  P  F  F  G  F  Y  R  P  B  A  I  E  X
I  D  P  U  E  B  K  B  Y  X  S  R  P  R  R
S  N  Z  O  G  C  R  S  I  G  T  E  I  I  C
N  E  S  K  H  N  T  T  E  T  I  N  T  E  E
E  C  P  L  O  V  A  U  S  E  T  A  I  N  U
H  S  I  T  R  O  F  Z  S  M  U  M  A  T  M
E  E  B  Y  M  E  H  Z  N  P  T  N  V  I  Z
R  D  I  N  V  E  A  C  O  O  U  H  X  A  Y
P  Q  S  O  L  U  C  O  E  R  S  A  U  Z  P
E  Z  N  W  X  T  N  E  N  I  T  N  O  C  E
R  E  L  I  N  Q  U  O  D  S  U  T  C  A  T
```

RELINQUO	ULTIMUM
PUGNA	EXPERIENTIA
OCULOS	EUM
TACTUS	DECEM
ANCIPITIA	FORTIS
IBIS	ARENAM
REPREHENSIONE	VALENTINE
PROFECTUS	CONTINENT
SUBSTITUTUS	TEMPORIS
DESCENDIT	PERVENIT

Puzzle 51

```
L E T A T I R O T C U A M Q R
I D O Y B S I M I L I S U R E
B C R E B R I S V V S H L E L
E S S E C E N P I E U O I S A
R I E R A T I V D N S D E I T
T I V R B N N J U E T I R D I
A C E I I F X A A R I E E U O
T I A C R E U L J I N D S N N
E F N T N U S N A S E H D T E
M I D H Q A M E N Y R Y V D E
M R E B S A F X A R E Z J V M
Y C M R V C S U N R D Q P K N
J A A G I B T R A N S F E R O
B S C P A P T A S G B K Y J T
```

SERIES
VIRUM
EANDEM
RESIDUNT
VENERIS
VITARE
AUCTORITATE
HODIE
LIBERTATEM
NEXU

SACRIFICIIS
SIMILIS
TRANSFERO
RELATIONE
NECESSE
APTA
CREBRIS
SUSTINERE
AUDIVIT
MULIERES

Puzzle 52

```
B C C N A O B S E R V A R E M
L U O R P R N N M E N S I S I
U T M S P H C O U C N E T F N
E I M E N G I U L U T T U O U
B S O Q P Z L B L R Y N V B I
E I D V B X G S O C I A I O B
L N O V G H W S C T Q T O M I
L T L Y Q E A E R I S S N H N
B E L L U M N W Q M Y E J A E
E S L U J O A T U C A A G F F
C O N I E C T O I D F R Z H T
W O R D I N I S G U V P N L M
P R A E S T A R E H M X W K K
A L T I T U D I N E M Z E L R
```

CUTIS
ORDINIS
IGNEM
COLLUM
COMMODO
GENTIUM
BELLUM
PRAESTANTES
BLUEBELL
MINUI

OBSERVARE
MENSIS
AERIS
ALTITUDINEM
CRUCE
ACUTA
PRO
ARCU
PRAESTARE
CONIECTO

Puzzle 53

```
O F F I C I N A R U M V Y A H
R L C J E T H E A T R U M J O
D N Y I T F Y C D N I G E J R
A O D E R C L S U K K R N C O
R L M S A C H I R E U P O W L
E A I U P W U G I H T G I S O
D U F Q S L W M S M E H T I G
I R I M U E T N E G R A A L I
S I M U N A P M Y T E J T E U
N B B A E H N O W F C J R N M
O U E W G B K D O I U V O T T
C S J W V D S F O T D U H I P
A T T E N T U M D C E G X U L
S T B Q G A W H L K D W E M O
```

PUERI
GENUS
SILENTIUM
ALIQUANDO
CIRCUM
DURIS
PARTE
OFFICINARUM
ATTENTUM
CONSIDERA

TYMPANUM
DOMUS
CREDO
THEATRUM
LUX
DEDUCERET
HOROLOGIUM
ARGENTEUM
EXHORTATIONEM
AURIBUS

Puzzle 54

```
A R E N U M U I C I F E N E B
O S P A N T H E R A M O R B I
M B S N W E Q U G Y C R H G K
F E S I D N E D A V N I Z L A
A R N E G F H T E R E N I T I
R T A D R N H N M A I G K M T
I I U A A V A M U T C E F E D
N S D E W C A R V X A G U N T
A S I S E E I B E U B Z J O J
M E R K W R O U A O D X Z I I
C C E I M P L E M N X R P T P
L E M O N A D E L X T N O C X
G R B G T E T A T I R E L E C
P Y T H O N I S S A M G W S K
```

MENDACIUM
DEFECTUM
MORBI
PYTHONISSAM
FARINAM
MUNERA
LEMONADE
CELERITATE
AUDIRE
INVADENDI

BENEFICIUM
AGUNT
OBSERVABANT
RECESSIT
MEA
SECTIONEM
ASSIGNARE
ITINERE
PANTHERA
IMPLE

Puzzle 55

```
M E R O I R A L C B T I C E F
M A I G O L O I B I U R H I W
T N I M D E L F V A R H A R H
E N Y N N C T U E T M C P H O
M U N D T E E E S T I M A C I
P A Z T I U D I T I N P I X T
E A M U B C L L E G U O R V N
S E R O M Q T I S I T S T Y E
T I E G R I Z D T T E T A T G
A K P A N G U S T U S Y P Y N
T M U I R A S R E V I N N A I
E A A I A M U U D I S E R R X
P D P D J J D L D C Y T G L T
B Q J U X T E W X N E D W Z X
```

TEMPESTATE   ANNUA
ANNIVERSARIUM   IAM
INGENTI   BIOLOGIAM
MINUTE   POST
MORES   ANGUSTUS
PAUPER   INTULIT
ATTIGIT   FECIT
RESIDUUM   PATRIA
CLARIOREM   VESTES
CIRCA   TRAHI

Puzzle 56

```
M  F  S  O  M  A  L  O  H  C  S  V  C  H  I
A  R  A  I  L  A  T  R  O  M  U  T  C  A  N
N  A  E  C  G  C  C  E  O  W  P  W  M  B  T
E  O  C  N  U  N  R  X  Q  L  E  I  D  R  E
R  S  I  H  E  L  I  U  C  Z  R  O  W  E  L
E  I  N  D  E  X  T  F  S  J  Q  U  W  H  L
D  L  A  V  X  D  D  A  I  D  U  W  S  B  I
O  I  C  Z  A  H  E  P  T  C  E  C  X  U  G
K  B  I  K  N  W  N  S  M  E  A  L  I  P  I
O  I  R  X  F  S  T  C  R  Q  M  N  J  F  T
B  R  E  T  Z  M  E  R  O  L  O  C  T  T  U
J  R  M  R  E  O  S  U  T  E  V  X  I  C  R
B  E  A  R  C  E  O  S  T  E  N  D  E  R  E
F  T  E  L  D  I  F  F  E  R  E  N  T  I  A
```

MANERE	AMERICAN
DENTES	VETUS
TERRIBILIS	SCHOLA
HERBA	SIGNIFICANT
INDEX	MOS
OSTENDERE	ACTUM
TALI	CRUS
INTELLIGITUR	NUNC
DIFFERENTIA	COLOREM
SUPERQUE	FACULTATEM

Puzzle 57

```
P E I E P R M W T X S A V M L
Z U B I E I I Q X L M I A V U
L U N A R S U S R U C Y C B K
L D R H D I V P U G L X C U K
L I Y V I T T E N E N T E M T
C C E I T K N N D Q D H O I U
L T B V O F O A I R A M I R P
E U Y B R R F S U T N A C E S
D R R W U A M A G N I F I C O
E E R A M C D U P L I C A T A
P Q H O Y T C O L L I G E R E
R B N W R I X E Z Q J W N J K
Y U I J T E N V J F P I D J G
H E L I C O P T E R T D K I S
```

MARE
DUPLICATA
PRIMARIA
MAGNIFICO
PERDITORUM
TENENTEM
HELICOPTER
DICTU
PEDE
COLLIGERE

CURSUS
SANE
UBI
VAS
SICUT
FRACTI
LUNA
ERRORE
CANTUS
RISIT

Puzzle 58

```
P E R I S N A R T N Y O N M D
R N M M U S I C I S O S K H L
O V E E W H C T M C C V H R S
P I N R M E T N E V I V U I T
O R O A P B G H K Y D F U M E
S O I B E X R Y I K N T W K N
I N T O R U H U M A G N A M R
T M A R T Z Q E M P U A D B U
U E G P I O I P O C S E L E T
M N E T N A C I D N I B E G E
O T N P E G E N E R E A O L B
U A W V T H L B C W K H R Q A
D L I M P R I M U N T P U G H
S E C U N D I S I U L Z M A J
```

IMPRIMUNT
DICO
MAGNAM
TELESCOPIO
GENERE
MUSICIS
NOVUM
EORUM
PROBARE
TRANSIRE

INDICANT
PERTINET
PROPOSITUM
HABEANT
SECUNDIS
VIVENTEM
ENVIRONMENTAL
MEMBRUM
NEGATIONEM
HABETURNE

Puzzle 59

```
L O J G A L D E S A P N F Z K
Z M M I B Z E O C U C T V I N
Y G I N O Q S C O D R Q C T I
E D U T I U C D L I C E S P I
L Q Q K I O E D L T O U M C B
D E N T E S N E E E N Q U U T
U U B W M J D T G V S S E U N
T Q N J L X E S I A T I N G A
G E M G N C R I U S I U L R C
J N I O N T E X M A T Q A U I
M U L T U M H F F P U I B E D
T E M P E R A T U S E N P S G
T W K C H H W O K X X W I W Y
O C E A N U M O T F U O O A E
```

COLLEGIUM   NUMERUS
DICANT   TEMPERATUS
MULTUM   ETSI
OMNI   CONSTITUE
VASA   QUI
OCEANUM   SEX
DESCENDERE   NEQUE
IPSE   DENTE
AUDITE   BALNEUM
MITIS   QUISQUE

Puzzle 60

```
G  Q  B  L  T  X  U  Y  O  X  E  L  Z  P  D
G  P  E  F  J  P  W  S  Q  H  V  H  H  L  M
F  T  C  U  S  T  O  D  I  E  T  M  E  A  A
N  U  N  W  B  I  W  F  L  A  V  U  M  N  L
N  N  G  M  P  F  X  B  D  J  P  D  E  A  A
C  O  A  I  R  E  T  L  A  Q  M  A  L  O  C
O  G  M  S  E  N  O  I  T  C  E  R  I  D  S
C  D  V  I  A  T  N  E  M  E  R  C  N  I  U
H  D  I  J  N  G  I  T  K  D  O  A  U  U  P
L  Q  M  E  P  I  A  S  M  K  J  R  O  Q  R
E  X  G  S  C  O  S  R  E  T  R  O  H  I  A
A  M  M  C  M  S  U  B  L  I  M  E  M  D  V
H  A  R  E  N  A  E  R  E  D  N  E  C  S  A
M  A  T  R  I  M  O  N  I  U  M  Q  B  Y  I
```

MALO	FIT
CUSTODIET	DIRECTIONES
HARENAE	FLAVUM
QUID	INCREMENTA
RETRO	NOMINIS
FUGIETIS	SCALAM
MATRIMONIUM	PLANA
ASCENDERE	ALTERI
SUPRA	COCHLEA
DIE	SUBLIMEM

Puzzle 61

```
P G E K M T V S I P A L L K I
A J M Z A I Q O F N G G W F S
R A I E M T R D U D A K P M Z
A S Y X S U I E T I T N Y R R
B D P C U L Q C F T H J I O H
O E L U D U A E Z U U H M S T
L F A S A M T A M R O F U P S
A I C A R E P R O C M A L L U
M N U X G I H P I T N Q L I T
L I I W E S S E T S Y I I R I
O R T R C O N D O R U H G I B
L E O C C A S I O H P S I E A
S P I N A C H P M G A D S C H
V I D E B A T R E S O U R C E
```

SPINACH
INANIS
PLACUIT
RESOURCE
FORMAT
ESSET
DEFINIRE
PARABOLAM
GRADUS
HABITUS

TITULUM
VIDEBAT
LAPIS
ULLAMCORPER
CONDOR
SIGILLUM
EXCUSA
RISUS
PRAECEDO
OCCASIO

Puzzle 62

```
P T R E F G Z D M S F D M S O
A O U T N A B E I C A F O U R
C Q H W A X V S M Q L Q V R T
E O P P O S I T U M S U E C H
M S K U J I E W N U A I R U O
H L B J I R X X O V M E E L G
U A A C V U M I S O V T W U R
Y L B C U A T V B A P E E S A
O Q C I U D P I A S H T Q F P
C K N I T S I L A R E N E G H
E W R P V U I M Z D Z U B E I
T R A N S M I T T E R E Q Y A
L E C T I O N E E R A N T O M
K W Z O U C L A M O R U Z H C
```

SURCULUS   COQUES
OPPOSITUM   FALSAM
OVUM   HABITU
LECTIONE   SED
MOVERE   CLAMOR
QUIETE   TRANSMITTERE
GENERALIS   AURIS
LACUS   FACIEBANT
ERANT   PACEM
ABSONUM   ORTHOGRAPHIAM

Puzzle 63

```
W  E  S  N  E  M  V  M  Z  N  N  X  U  N  S
G  X  B  O  Q  L  X  W  E  H  F  P  T  L  M
Z  E  E  M  V  G  V  D  Z  I  C  A  C  G  U
Z  M  R  S  E  D  I  F  S  C  I  R  E  N  D
V  P  A  Z  N  L  M  Z  R  T  B  O  P  I  N
E  L  P  Z  T  C  Y  A  G  F  O  U  S  L  A
R  U  I  G  O  N  E  T  X  V  R  T  A  K  T
B  M  C  I  R  V  X  Q  S  I  A  T  I  C  U
U  O  I  M  U  R  B  A  L  L  M  A  N  U  P
M  X  T  N  M  P  R  O  C  U  L  U  L  D  S
F  O  R  I  S  E  T  C  E  V  W  Q  S  I  I
G  E  A  B  R  A  S  S  I  C  A  M  J  N  D
P  L  P  R  G  C  O  Y  K  Y  T  Y  C  Y  B
P  R  O  B  A  B  I  L  I  T  E  R  H  E  U
```

DISPUTANDUM	DUCKLING
STYLE	FIDES
LABRUM	VERBUM
SCIRE	ASPECTU
VECTES	QUATTUOR
TOTIUS	PARTICIPARE
VENTORUM	PROBABILITER
MAXIMUS	BRASSICAM
FORIS	PROCUL
MENSE	EXEMPLUM

Puzzle 64

```
U E K B L F T I N J N E C C W
Q S E S S A L G N U S Y U A A
C G X S I C U R C A R R R S L
C A S U M Q T Y I S T N S U K
S B U N V E Y R X A L A U S I
Q W I A I T N E T O P X L R N
W R L M Q E J O I I G Z N I G
Y A I K C G R S I T I C I D S
Y J F V V S N O P T I M I G T
I N T E R M I S S O A E Y E J
V E R E C U N D U S A R T L U
V M M S P R O X I M U M O U Z
L O C I B B A L L O O N S F O
A A B L K P A M O F C V N P Q
```

CURSU
FILIUS
ORATIONEM
INTERMISSO
CRUCIS
OPTIMI
GELU
WALKING
NATALIS
ULTRA

PROXIMUM
BALLOONS
POTENTIA
VERECUNDUS
MANUS
LOCI
SUNGLASSES
CASUM
CASUS
DICITIS

Puzzle 65

```
V S J J B N E G O T I U M S S
G Y L G A S O L U C I R E P T
S V Z S S I L A U Q E A E S O
H O G T I D U L C N I L M C M
A P L T N U R E V A B O R P A
C I L E F I A F V G G G A P C
P U J H S A R F H G J E U O H
H O S L K Y I E A N U L T N U
N N S T I J D C R T Q H U D M
W H P I O D A T E T W P M E U
P M M G T D D U V B W A N R S
A L B U S I I M B Y U S U I M
U K V W N Y V A P S G P S S V
M I T T E R E E M D E X T R O
```

BASI   ALBUS
CUSTODIAM   DEXTRO
PONDERIS   LEGO
VERA   SOLES
INCLUDIT   POSITIVE
ARIDA   STOMACHUM
NEGOTIUM   MITTERE
EFFECTUM   LUNAE
AUTUMNUS   PROBAVERUNT
AEQUALIS   PERICULOSA

Puzzle 66

```
Q  X  X  R  E  S  P  O  N  D  I  T  C  E  A
U  H  E  L  I  A  N  T  H  U  S  H  A  M  N
P  T  I  X  U  D  D  A  C  V  W  I  C  G  N
N  R  R  S  I  N  G  U  L  I  S  A  B  E  I
Y  X  I  I  F  O  Z  B  M  P  H  G  X  B  V
C  B  R  V  M  U  B  M  U  L  P  X  M  O  E
L  B  A  C  A  Q  L  J  M  A  G  N  U  S  R
U  I  P  Y  D  T  U  S  O  L  O  D  I  I  S
W  G  C  Z  P  Z  U  E  N  A  M  I  R  N  A
X  H  J  E  H  X  N  S  Z  A  X  G  E  A  R
B  E  R  E  T  T  I  M  A  Y  W  I  T  C  I
T  E  S  T  I  M  O  N  I  U  M  T  S  Q  O
N  E  G  L  I  G  E  R  E  O  A  O  Y  T  P
Q  U  A  E  R  I  T  U  R  A  T  U  M  K  N
```

MANE	ADDUXIT
NEGLIGERE	HELIANTHUS
DIGITO	ANNIVERSARIO
MAGNUS	RESPONDIT
LICET	QUAERITUR
PRIVATUS	SINGULIS
MYSTERIUM	CANIS
AMITTERE	TESTIMONIUM
PARI	SOLO
UTRIMQUE	PLUMBUM

Puzzle 67

```
T  I  U  C  I  L  R  T  P  C  S  I  R  R  K
I  M  E  R  I  D  I  O  N  A  L  I  P  I  N
D  E  W  S  F  A  H  I  J  C  U  B  P  D  Y
N  C  U  D  I  M  U  D  N  U  C  E  S  I  Z
E  U  I  N  M  M  A  A  P  A  O  K  B  C  Q
T  D  X  G  U  U  R  X  E  X  E  G  U  S
S  A  N  U  S  S  K  L  D  A  N  P  T  L  R
O  O  R  B  A  Y  P  O  J  A  N  I  B  A  I
R  L  R  L  C  B  C  A  T  R  O  P  T  M  R
U  G  I  Z  C  Q  Q  I  T  A  N  N  O  U  J
P  A  T  I  O  F  V  E  R  E  G  N  I  F  S
C  Q  L  Y  O  T  N  E  M  E  R  C  N  I  E
D  E  S  P  E  R  A  T  I  S  J  I  T  W  Y
C  Z  N  U  M  E  R  A  T  O  R  E  B  B  C
```

NUMERATORE	OSTENDIT
RADIO	SECUNDUM
FINGERE	INCREMENTO
PENITUS	RIDICULAM
PATER	DESPERATIS
SANUS	ANNO
SUMMA	DUCEM
PATI	MERIDIONALI
LICUIT	SIMUL
PORTA	OCCASUM

Puzzle 68

```
E  L  D  T  I  U  R  N  C  J  X  C  I  C  Z
M  F  J  E  C  T  B  P  I  M  A  S  N  E  M
P  E  L  L  E  P  D  L  R  U  V  I  G  Q  A
S  X  P  L  U  M  A  A  C  R  E  T  R  H  T
L  U  N  I  I  O  M  N  U  U  S  I  E  C  U
B  M  O  M  A  R  G  U  L  A  P  G  D  O  L
V  E  R  U  M  P  A  M  A  G  E  I  I  L  O
O  S  F  Q  L  C  H  T  R  I  R  D  E  U  S
O  G  K  U  T  G  G  R  I  W  E  F  N  M  H
N  U  L  L  A  M  K  N  S  M  R  S  S  N  M
D  I  S  T  R  I  B  U  T  E  I  B  V  A  T
P  E  R  F  I  C  E  R  E  Y  Q  S  W  Q  G
C  I  E  X  P  E  R  I  R  I  K  W  I  B  D
C  T  M  X  G  D  O  F  H  V  E  H  T  V  T
```

IMITARI	DISTRIBUTE
PLUMA	INGREDIENS
CIRCULARIS	DIGITIS
PERFICERE	COLUMNA
PROMPTU	PLANUM
NULLAM	SUO
MILLE	PELLE
EXPERIRI	AURUM
VERUM	VESPERE
MENSAM	SOLUTAM

Puzzle 69

```
R H I N O C E R O S U C T D C
M L Y J C R U N M H T A R I X
A X O Z A Q G O I A N L A S O
R I X O R I X C N B E C C P C
T V J G D B E T A I R U T U I
I H A F P I A E C T A L A T N
S V M U D S D S M A P A S A N
Q U I E T I J U E T S T T T A
A E T M E J Z P N B N O I I M
E N P U F P K U O O A R S O O
S P E C T E S L I Y R L F N M
X C S I Y K S U T A T S L E U
P U F J G W A T A T F E P M M
M U N D U S B O R Y G B D N O
```

STATUS   HABITAT
NOCTE   BASEBALL
MARTIS   GYRO
MUNDUS   TRANSPARENT
RATIONEM   SEPTIMA
DISPUTATIONEM   CALCULATOR
CINNAMOMUM   SIBI
QUIETI   RHINOCEROS
DRACO   SPECTES
ANIMO   TRACTASTIS

Puzzle 70

```
C  R  P  O  R  E  A  U  Q  L  S  P  K  H  S
C  O  K  R  M  Q  X  B  I  I  B  P  F  V  I
O  G  N  U  E  Q  P  E  J  O  T  D  E  G  D
N  A  T  T  P  G  Y  O  Q  L  B  Z  L  S  E
T  R  E  I  I  A  X  G  M  U  T  R  O  L  R
I  F  M  U  C  N  K  W  Q  P  E  P  R  E  A
N  D  P  G  N  C  U  Z  S  I  N  N  Q  G  A
U  I  O  R  I  A  V  A  S  C  F  K  T  E  R
E  C  R  A  R  O  E  T  T  S  T  U  J  I  G
N  I  U  S  P  A  V  R  Q  I  B  J  Q  Y  S
G  T  M  N  K  R  L  E  S  D  L  N  S  Q  W
M  U  S  I  C  U  M  C  C  U  R  R  E  N  T
I  N  T  E  L  L  I  G  E  N  T  E  S  S  T
D  K  N  A  C  T  I  V  A  E  S  D  K  K  G
```

QUAERO	NET
SIDERA	CERTA
MUSICUM	ORTUM
INTELLIGENTES	TEMPORUM
ARGUITUR	ACTIVAE
DICIT	FRAGOR
DISCIPULO	PRINCIPEM
CONTINUATI	CONTINUE
EXEQUENTIS	SPES
LEGE	CURRENT

Puzzle 71

```
L A D H D A E O L A T A N N I
R T Q E U Q S U A P R A C E N
O T U Q S T U A C M E D E S T
N O E X R C B B T U O N C V E
M L P C U Q E S I M V I R Z R
E L N E T U F N O I P T P O N
D E I V N L F I D X O L E V A
I R U M U D N A M A B D A N T
U E D D C V E T L M T G M E I
M Z I K I T X N D F Z C A C O
Z A C K D V N Y T Z B P R T N
J J I I M A G I N E M U E A A
E X U D F E C Y O Z Y L V R L
R I M H A U R I E N D A M A J
```

INTERNATIONAL	ACTIO
IUDICIUM	PENDENT
MEDIUM	USQUE
IMAGINEM	UVA
ATTOLLERE	VIR
VELOX	AMANDUM
DESCENDAT	NECTAR
MAXIMUM	AMARE
LATA	DICUNTUR
HAURIENDAM	SEDEM

Puzzle 72

```
H  T  H  P  A  O  R  I  V  Q  M  M  N  B  Y
S  I  C  U  A  P  L  N  F  U  O  Y  Z  R  P
E  R  D  T  I  V  J  V  L  A  P  U  P  N  D
R  R  A  U  A  R  I  E  A  D  Q  C  X  E  I
A  U  V  L  J  Q  N  N  E  R  U  T  A  M  U
R  C  N  I  G  S  G  I  R  A  H  N  Q  O  D
U  C  C  T  I  A  E  A  E  G  Q  C  E  N  E
C  O  H  I  J  K  N  N  P  I  U  Z  L  S  G
H  C  N  N  P  E  I  T  I  N  I  X  U  U  H
A  G  W  G  H  I  O  U  C  T  D  X  D  K  P
V  E  N  I  R  E  E  R  S  A  A  J  E  P  S
S  N  U  M  E  R  O  N  U  I  M  X  H  Z  V
N  A  V  I  G  A  T  E  S  L  J  O  C  G  D
E  N  Z  B  B  H  L  I  A  K  I  E  S  S  G
```

INVENIANTUR	SUSCIPERE
INGENIO	VENIRE
MATURE	TULIT
NUMERO	CURARE
ACCIPIENS	DIU
NOMEN	PAUCIS
VIRO	PULCHRA
OCCURRIT	PUPA
SCHEDULE	QUADRAGINTA
QUIDAM	NAVIGATE

Puzzle 73

```
P  P  P  B  M  G  F  I  Z  V  Q  Y  V  E  F
S  A  T  E  I  R  P  O  R  P  F  U  X  X  C
I  I  Q  R  T  B  V  I  D  E  T  U  R  C  I
T  H  B  U  G  W  L  B  A  T  P  E  N  I  G
N  E  X  I  O  L  F  I  M  I  N  U  S  T  R
E  M  M  E  G  S  B  G  O  U  G  R  A  A  A
M  J  T  H  I  I  R  O  Y  T  P  M  G  N  V
D  E  S  C  R  I  B  E  R  E  H  B  S  T  I
P  R  A  E  E  S  S  E  T  Y  X  E  D  H  P
S  I  G  N  U  M  P  O  S  T  E  A  C  A  A
P  Z  W  I  T  O  I  J  W  X  L  T  J  A  N
D  U  S  U  S  S  E  C  O  R  P  P  E  Z  N
L  D  A  C  R  I  U  J  K  R  U  S  H  G  O
P  R  A  E  S  E  N  S  P  X  D  W  Q  M  C
```

PANNO	BIS
VIDETUR	PRAESENS
QUOS	ACRI
INEPTA	SIGNUM
POSTEA	GRAVI
ARGUO	PROPRIETAS
DUPLEX	BIBLIOTHECA
PRAEESSET	DESCRIBERE
MINUS	PROCESSUS
EXCITANT	MENTIS

Puzzle 74

```
M Z W V B Z A O D O T C A P C
X O M O Y G D Y M C F U E U U
F S N I T J V A I Z C P R L P
B U Q T N M E T N O F I E V I
C L S A E L R R Z D R E P I D
U I K L S S O E E E B R S I
V D S U I A O B P P G A E W T
B O I B C J I V Y K A T H J A
T C L M N M D I X F Q C E V S
W O I A I O U U S R A V N E E
P R B E N O A S I U D Q D N Z
L C O D M T G D W T H B O T P
Y T N U C S E R C I H Q K U P
F L I P P E R S S H E E M S U
```

DEAMBULATIO
CUPIEBAT
VENTUS
ADVERSO
REPREHENDO
INCIDENT
CUPIDITAS
GAUDIO
CAPERE
PULVIS

MOX
NOBILIS
CROCODILUS
FLIPPER
VOLANTES
PACTO
CRESCUNT
OBVIUS
MONTES
FONTEM

Puzzle 75

```
B  I  I  I  A  M  A  K  C  S  O  L  I  S  R
D  N  N  L  P  Y  U  S  O  I  R  A  N  E  D
M  A  I  N  V  I  F  C  N  D  C  B  M  X  G
O  B  M  S  J  X  E  V  T  I  W  D  R  K  Q
D  X  A  N  Z  G  R  V  R  F  T  T  Y  V  P
U  C  C  R  U  F  E  S  I  S  P  I  L  L  E
M  G  I  H  X  M  T  Y  T  B  Q  O  G  L  O
B  E  L  Q  P  Y  U  Z  U  G  E  N  U  I  P
Z  R  P  C  R  O  R  N  M  M  O  T  U  T  D
N  O  I  T  A  C  I  L  B  U  P  V  A  O  E
Q  I  T  C  O  M  P  O  S  I  T  U  S  R  R
U  R  L  P  S  I  T  T  A  C  U  S  Y  I  I
I  P  U  Q  U  A  N  T  I  T  A  S  A  S  T
A  O  M  O  N  M  E  M  E  N  T  O  W  J  D
```

COMPOSITUS
DAMNUM
DIGITI
CONTRITUM
PUBLICATION
QUIA
MOTU
GENU
PRIORE
PSITTACUS

ELLIPSIS
MEMENTO
DENARIOS
QUANTITAS
ERIT
LITORIS
AUFERETUR
SOLIS
MULTIPLICAMINI
MODUM

Puzzle 76

```
P  J  A  R  E  A  P  C  F  E  B  C  T  U  O
O  M  G  V  L  U  R  P  O  V  R  I  R  T  O
P  U  E  M  S  L  I  F  L  X  A  R  I  N  B
Q  T  L  V  I  U  O  E  I  V  S  C  A  A  B
N  N  B  O  C  E  R  N  U  R  S  U  N  C  Z
A  E  Q  I  I  E  E  E  M  I  I  L  G  R  H
R  M  W  G  T  K  S  M  F  V  C  A  U  E  W
D  E  C  I  P  U  L  A  Z  F  A  R  L  B  V
J  L  A  P  I  S  E  N  S  U  U  I  U  R  I
Q  E  N  A  L  P  S  W  F  E  O  D  M  A  T
H  Z  T  M  L  P  A  R  E  R  E  T  I  S  I
M  O  D  O  E  F  R  I  G  I  D  U  S  T  U
T  S  U  P  E  L  L  E  C  T  I  L  E  M  M
N  U  T  R  I  M  E  N  T  U  M  X  Q  B  D
```

VITIUM	PARERE
SENSU	AREA
BRASSICA	CREBRAS
MODO	NUTRIMENTUM
EFFUDIT	PRIORES
SUPELLECTILEM	PLANE
ELLIPTICIS	DECIPULA
FRIGIDUS	CANTU
FOLIUM	CIRCULARI
ELEMENTUM	TRIANGULUM

Puzzle 77

```
W S S V C C Q U A D R A T U M
T C A U A R B U R Q A I A U L
N Y L L U U D R A G O N F L Y
E Y T G B S A P P A R A T U S
P M E A S T M A R E P O O C S
I U M T A U W O P L H R Z R C
C B L E D L D R L I Y D B E I
N H L V T A F Z W L N H D V E
I R E T E M I R E P I G T I B
R P Y D T R A Q L U L S U T A
P W F M B Y I J C E L L L E T
I M P E T U M S O T B N X Q S
F R A G O R E C M U T I X E Q
J M U R U A T N E C O P P I H
```

PERIMETER   DRAGONFLY
IMPETUM   APPARATUS
OPERAM   WELCOME
SCIEBAT   FRAGORE
RUBRA   VULGATE
PRINCIPE   PINGUES
CREVIT   SALTEM
EXITUM   PULVERIS
QUADRATUM   HIPPOCENTAURUM
CRUSTULAM   MOLLIS

Puzzle 78

```
S N E D U L P B A N B G B O O
A M T S E B U N A Y L M L I J
Q I C N Q D M W P L I M Y S G
D T L K J T I A F Z L P R U C
F A C I L E U S I R J O V L R
S R P R I P R N S E S C O C E
I A R E Q O V F I E V O J N S
L P E F U S I R C C O N E O C
E E S E A T S A I D A T R C E
N S S R E U I C F S Y E K A R
T J U R R L O T I H A R E F E
I H R E E A U U C M P A D Q G
O O A P R N V R A D Q M D R T
S L W U E T A A P V T W M U B
```

DEDISSE

CRESCERE

QUAERERE

BALLOON

VISIO

POSTULANT

RISU

FRACTURA

FACILE

PACIFICIS

SEPARATIM

REFERRE

LUDENS

PRESSURA

TUNICA

CONTERAM

CONCLUSIO

NUBES

JERKED

SILENTIO

Puzzle 79

```
Z B M K I A W P P A Q X D C T
M N U A Q U O L I B E T I A R
O W N M N H E Q G W V N F V I
D B G H Z E A T M O I A F U B
U L A D S C N L U T T E I M U
S S M A L R A T F F A C C V L
T E C H N O L O G Y N A I X A
S U P O R C A M A L K T L L T
L T P H O T O G R A P H I O I
V V A P R O P I T I U S S C O
V P K N S E P A R A T A E U N
U M S J T E X A M E N V A T I
S I T U M A N A L Y S I S U S
I Y U O T X M O W E U V B S P
```

MACROPUS   LANA
SITUM   TRIBULATIONIS
MANENT   TACEANT
MAGNUM   STANT
TECHNOLOGY   SEPARATA
PROPITIUS   LOCUTUS
QUOLIBET   DIFFICILIS
PHOTOGRAPH   ANALYSIS
EXAMEN   MODUS
NATIVE   CAVUM

Puzzle 80

```
R E S P O N S I B I L I T Y C
G E O G R A P H I A M X Q G O
C A R E N T L Q V P A G C N C
N R V X G B P D A R N Z O A K
I M A R U S N E C N U X O E T
S A W R N P E I T I G H W I A
U I Q X L T A I P A C U L K I
T N P H M E B R U D D J L W L
K U M E R C O I T I S O P I W
F C I I W R E T N E G I L I D
L E L T S A C D N A S E L I M
D P R P A S T I N A C A T P P
I E X R H O S T I S E I C E D
M P A C E H T O I L B I B J S
```

FERRE
MANU
URBEM
POSITIO
COCKTAIL
PECUNIAM
BIBLIOTHECA
DILIGENTER
MILES
ANGULI

CAPIAT
CENSURAM
HOSTIS
GEOGRAPHIA
CARENT
RESPONSIBILITY
PASTINACA
DECIES
SANDCASTLE
PARTES

Puzzle 81

```
P E N I C I L L O E L E D Q Z
F A R I N A I N M O I V B U I
F E R R U M I R M F J P K O M
Q R R T C N Z V E S I M L T P
T T S E R E T N I Z N N J U R
I Q M Y L L G E R E R E E S I
Z P Q M A I E I N S U L A Z M
H A B E N A Q N G Q K B F F E
D U M R K I S U T S H G Q U R
Z D D U B E M T A A G I I G E
R Z A A Z K P C O R P U S E V
P R O X I M O I A Q T W X O T
C E L E R I T E R Y O R Y I Q
U R B J W Z W L O V N Z H C J
```

FARINA   OMNIA
FUGE   RELIQUA
ICTU   LENTA
INSULA   GERERE
PENICILLO   INTEREST
IMPRIMERE   FERRUM
HABENA   DELEO
QUOTUS   AUREM
PROXIMO   CORPUS
CELERITER   FINE

Puzzle 82

```
E D F N D R Q O E S N E C I F
F E L L E V A C M K X I S M R
F L R F A L X C Z D X D N P O
I P X I R T M U L L A G V E N
C H W B N I I R U C R E M T D
I I F X Z E K R M N U L V U E
A N X Z U Z V U I U Z Q X S S
N I F U A H A N S E D A T U S
T I J E R B N T I Y R T V T R
U A N T E N N A B M T O B C F
R Y J O H J A N N I S R N Y O
H A B I T A N S E D P I N H N
M A N I F E S T U M U Q C B S
S O L L I C I T U D I N X X R
```

FONS
ANTENNA
IMPETUS
FRONDES
DELPHINI
EFFICIANTUR
MANIFESTUM
CENSEO
VELLE
SEDATUS

GALLUM
ROTA
ANNIS
HABITANS
ORE
MERCURII
INVENIRE
SOLLICITUDIN
OCCURRUNT
FLAT

Puzzle 83

```
Q  I  T  C  E  R  E  H  U  A  A  T  A  D  N
G  U  O  L  V  M  M  J  F  Z  U  V  E  R  O
L  E  I  D  O  M  E  L  G  L  R  D  J  L  I
U  R  K  B  H  T  N  R  G  W  O  M  F  B  T
T  E  I  B  U  S  O  L  G  B  R  L  Y  Z  A
E  P  S  M  D  S  I  I  N  E  A  G  A  E  T
N  I  Q  P  R  O  T  S  E  A  R  P  L  X  O
A  C  U  T  I  S  A  M  U  R  E  E  I  T  U
O  N  L  Z  B  U  L  O  O  H  P  V  O  E  Q
R  O  W  S  Y  T  O  Z  A  M  O  M  L  R  A
A  C  E  B  D  I  S  T  S  N  E  S  J  N  M
I  U  A  L  A  G  N  N  Y  U  V  N  F  A  E
T  S  Y  O  L  I  O  I  B  G  M  B  T  F  T
B  P  J  L  X  D  C  M  H  M  E  L  M  I  Y
```

EMERGERE
PRAESTO
VERO
QUOTATION
MODI
QUIBUS
CONSOLATIONEM
CONCIPERE
EXTERNA
DIGITUS

OPERA
ACUTIS
GLUTEN
ALIO
AMET
LADYBIRD
ERECTI
DATA
MOMENTI
AURORA

Puzzle 84

```
Y  I  M  T  A  Y  S  A  N  Y  Q  X  L  F  O
D  L  O  P  A  G  E  C  A  P  U  E  V  W  R
I  E  N  A  R  A  I  L  O  F  E  R  S  S  E
P  C  P  F  S  I  C  A  P  S  S  I  A  M  V
U  M  A  R  R  U  A  W  H  I  T  N  L  W  I
P  U  D  E  E  A  F  B  D  L  I  E  O  D  T
I  S  X  G  L  H  G  H  A  A  O  V  O  L  A
L  I  K  L  U  U  E  M  F  R  K  R  Z  I  N
L  C  F  C  Y  J  M  N  E  T  S  E  H  M  R
A  A  A  E  R  A  C  I  D  N  I  P  Q  F  E
M  A  C  I  R  T  C  E  L  E  T  G  Q  I  T
I  N  V  E  N  I  U  N  T  C  R  U  M  N  L
G  F  B  S  C  C  U  J  B  Z  H  E  M  E  A
P  E  R  F  E  C  T  I  O  N  E  M  Q  M  J
```

ELECTRICA
MUSICA
PERFECTIONEM
VOLA
QUESTIO
FRAGMENTUM
PACE
PERVENIRE
FOLIA
FACIES

CAELUM
INDICARE
INVENIUNT
CENTRALIS
DEPREHENDERE
PUPILLAM
FINEM
ALTERNATIVE
ARANEI
PACIS

Puzzle 85

```
A M C W I T R E V E R F A J A
X F Z O B N M I D K D C X W C
Q N G O D U T I T L U M H W C
T A M Q U A M E R E V L O S I
N F L C D P V R L S E V F N P
V F G A M O R E P L C R G R E
A E I B P B T C M N I Z S A R
D G N F I R S I D U R G S R E
N D R I M E F P T U A U E O A
U R U I E V M E R O R R E R Y
T U C K C N T R S O M N I O E
O I I M Y O T E R R E F U A X
R Y W I U Y L E H Y G H U T Y
D O C I W D N A S U M A V I V
```

AUFERRET
INTELLIGERE
REVERTI
SOLVERE
VIVAMUS
RUDIS
ACCIPERE
RARO
VERBO
SOMNIO

SANDWICO
ROTUNDA
TAMQUAM
MULTITUDO
AMOR
TUA
AGRICOLA
ERROREM
RECIPERE
VENIENTES

Puzzle 86

```
C  I  M  N  D  I  P  E  R  D  I  D  I  T  M
O  O  T  S  I  N  I  D  U  T  I  T  L  U  M
N  S  V  V  U  T  T  X  S  P  C  P  Z  S  U
G  A  S  A  Q  E  E  E  U  E  T  X  V  P  I
R  P  C  A  I  R  T  R  I  S  T  I  S  E  T
A  P  Y  Q  L  V  Z  E  O  Q  K  G  A  C  O
T  L  F  I  A  A  O  V  S  T  M  L  N  I  C
U  I  A  X  N  L  T  I  O  Z  I  A  T  E  O
L  C  V  D  D  L  C  V  X  E  B  L  E  S  R
O  A  E  Y  M  O  C  O  N  S  E  Q  U  I  R
R  R  S  E  O  S  C  X  V  W  S  G  N  U  U
F  E  P  E  R  I  C  U  L  O  S  E  O  Y  I
T  Y  F  H  D  F  C  H  L  S  O  W  K  E  T
T  U  S  Z  A  L  Y  R  X  E  I  N  S  Z  F
```

MULTITUDINIS
TRISTIS
ALIQUID
VIVERE
INTERVALLO
OTIUM
EOS
CONSEQUI
APPLICARE
OVA

ANTE
USU
LASSO
SPECIES
CONGRATULOR
LITORE
CORRUIT
PERICULOSE
AVES
PERDIDIT

Puzzle 87

```
D B X L A N L E A L M H Z Q W
O E D Y Q N U S F R E P A K E
R R M R G V C W G Z T B M O D
T E R E B A H S H J F I J Z N
U C V O N I M O D Y N D S A E
S O F A F S C V E L I T W C S
P N T I V A G O R R E T N I D
T V Q U A M W V N E A A S S A
A E R E D E C E R T N R V S Y
T N S H A M P O O Q I S A A F
A I A N U I G P B O R N S R O
G U H X D P F I D O A J U B T
G N I R N G M R A Y F N A O O
Z T L U J R S T A T I M C X S
```

STATIM   CONTINUOS
QUAM   RECEDERE
FARINAE   INTERROGAVIT
TATA   SHAMPOO
DOMINO   ORTUS
DEMENS   WEDNESDAY
VELIT   HABERET
ARS   BRASSICA
ARTIS   CONVENIUNT
FOTO   CAUSA

Puzzle 88

```
P U F F I N C Q S R V E C S S
P K T E N E R E T V J L O N E
U O R N N J C L E R T I N O C
M E X M M O Z H L A L G G W U
U W I X Y T S S L A O E R F R
T F A M A R N T A U I R U L U
C T W T T O T N R O Z E O A S
U V G B N H N N I A D F A K Y
D D I M I N U T I O N I S E J
O I I N S P I C E R E D J R J
R N V S B S E N T E N T I A M
P O G E M T U N O B L I T U S
Y P L B S U T S E U Q O D Z P
U S U A K D I F F I C I L E E
```

SENTENTIAM
TENERE
CONGRUO
STELLA
QUESTUS
ELIGERE
SECURUS
DIMINUTIONIS
SNOWFLAKE
NOSTRA

PONI
OBLITUS
PRODUCTUM
INSPICERE
DIFFICILE
PUFFIN
DIVES
HORTO
FAMA
NUTMEG

Puzzle 89

```
P R O G R E S S I O M P S L J
T V Y S L E R K F M U R U A C
M T M V B I H O P F J A C B O
C A L R T T B H B L A E C O N
Q E Z D J M A R X R N S E R C
T E N D U N T V O R A E N A L
U M B R A M A F W E C S D T U
D T E T A P H V J D I E I D S
Q U A E D A M I L I F G T F I
O B F B B N L R X T I V I V O
C C F L E T K G M U N E L P N
O I U J J C A A U M G D U T I
G A L L U S A M U T A D E E G
C A P T A W E I H O M P W E U
```

TENDUNT   GALLUS
DATUM   PLENUM
VIRGAM   IACEBAT
PRAESES   UMBRAM
LIBRO   CONCLUSIONI
PATET   LABORAT
MAGNIFICA   REDITUM
QUAEDAM   SUCCENDIT
VIVIT   CAPTA
ARBORE   PROGRESSIO

Puzzle 90

```
S S A M A G N I T U D I N E P
P E R E N O M D A R M I Q T A
E M D E K S I T A V R E S E R
L E E Q S X E R A T I B U D A
U L H Y J P P Q Y Z U F N A G
N S T R J R O F U E N A V N R
C D A H F C N N E I A L P T A
A X C M Q U G K D N T H M I P
H O R T U S I F A E E U A Q H
Z E R X W F S D T M N S R U U
D I M I T T E N D U M D T A S
M I S E R I C O R D I A U R O
C L A U D E N D I S S A C M A
F A L L E R E H N I G R U M P
```

DUBITARE	MAGNITUDINE
PARAGRAPHUS	FENESTRA
SEMEL	UNA
CLAUDENDIS	SPELUNCA
SEQUITUR	MISERICORDIA
DIMITTENDUM	ADMONERE
ANTIQUA	SIGNO
HORTUS	RESPONDENDUM
FALLERE	CATHEDRA
NIGRUM	SERVATIS

Puzzle 91

```
C X O C J X P A F M B I C G L
C O D B E S I U N E U N I M I
A V N N B N T S A N L Z R U N
E S U F H E T A O S L U P T E
L I C K U G K U V U R I D I A
O T E D T N Y O M R E S H L N
Q L S V R I D S U A S L G I F
W U A Q U A S A J E W I M M J
D M A Y Z W E L M V P N C U X
E Q J R K A Y C I U K G N S Z
S K A Y E H A E C H S U E L U
P L A N E T A R U M V A O U Q
O X L O K D H O N M Y E S P T
T R A N Q U I L L I T A S O E
```

QUARE
MULTIS
PULSO
SERMO
MILITUM
LINEA
CONFUNDAMUS
CENTUM
MINUE
SECUNDO

LINGUAE
PLANETARUM
PULSUM
CAELO
TRANQUILLITAS
HAEC
VOX
AQUA
MENSURAE
INGENS

Puzzle 92

```
F  C  O  N  G  R  E  S  S  U  S  F  S  U  S
S  I  S  O  I  R  U  C  L  W  M  I  I  N  U
U  X  R  G  L  O  S  S  A  R  Y  N  U  M  C
F  L  E  E  N  I  D  N  A  R  G  I  V  A  I
Q  T  T  O  F  R  E  S  B  K  V  A  E  I  N
E  D  Z  R  G  L  D  E  W  S  T  N  N  E  A
P  M  X  R  I  O  Y  R  L  I  A  T  E  I  H
Y  U  M  O  Q  C  D  O  M  K  D  U  S  E  C
U  T  E  P  X  W  I  M  W  X  O  R  W  Z  E
V  C  D  R  U  D  W  E  I  P  S  O  R  U  M
I  I  A  C  S  N  H  M  S  C  A  N  C  E  R
A  U  E  U  T  C  O  N  F  L  A  N  D  U  M
S  E  P  T  E  N  T  R  I  O  N  E  P  Q  T
D  R  A  C  O  N  E  S  P  A  G  I  N  A  S
```

SEPTENTRIONE   GLOSSARY
MECHANICUS   PUER
IUVENES   GRANDINE
ULTRICIES   FIREFLY
ICTUM   CONGRESSUS
PORRO   FINIANTUR
CANCER   PAGINA
CURIOSIS   MEMORES
CONFLANDUM   EADEM
IPSORUM   DRACONES

Puzzle 93

```
C  T  P  L  Z  C  F  O  R  M  A  R  Z  O  S
O  J  R  S  U  S  R  E  V  B  H  A  O  K  O
N  I  O  M  W  P  G  E  B  I  Y  M  Q  A  L
T  N  M  P  R  J  S  A  S  I  C  L  U  D  U
E  T  I  J  J  T  K  H  D  C  B  F  R  B  T
N  E  S  I  R  O  P  R  O  C  E  J  O  W  I
T  N  S  O  V  P  E  S  C  W  Q  N  F  K  O
U  D  U  V  O  B  I  S  U  R  A  O  T  H  F
S  I  M  T  X  H  R  Z  Y  L  O  A  S  E  V
C  L  A  R  A  H  E  H  G  N  U  C  A  R  N
P  H  G  L  Q  X  S  O  L  V  I  T  U  E  R
S  I  M  I  L  E  M  C  U  C  X  T  C  S  K
P  U  L  C  H  R  I  O  R  J  H  J  E  E  S
S  T  A  T  U  A  M  L  D  Q  V  D  H  E  L
```

CRESCENTE	SIMILEM
CORPORIS	CLARA
SERIE	VOBIS
DULCIS	LOCO
VERSUS	VOS
FORMA	SOLUTIO
PULCHRIOR	LECTULUS
CROCUS	CONTENTUS
STATUAM	INTENDI
SOLVIT	PROMISSUM

Puzzle 94

```
I  V  I  R  I  L  I  T  E  R  R  S  S  J  S
S  N  E  D  N  E  C  S  A  F  V  Y  L  A  E
H  S  T  A  E  N  A  M  O  N  C  P  I  G  Q
V  C  A  E  G  U  B  E  R  N  A  T  O  R  U
E  O  C  S  L  Q  M  T  S  C  X  B  B  L  I
S  L  D  S  P  L  U  I  G  O  M  Z  G  I  C
T  O  L  O  R  S  I  S  B  L  O  U  Y  T  K
I  P  I  P  A  E  T  G  J  O  J  D  L  A  E
S  E  W  D  E  M  I  X  E  R  V  I  E  T  M
U  N  D  L  C  P  C  R  R  N  K  C  U  I  A
T  D  L  V  I  E  R  W  O  F  S  E  F  C  I
R  R  Y  T  P  R  E  B  L  F  E  R  X  X  G
E  A  L  T  U  D  X  C  O  T  K  E  M  E  Q
C  X  F  J  E  Z  E  R  D  M  B  D  P  M  K
```

VIRILITER	GUBERNATOR
INTELLIGENS	ASCENDENS
WILDCAT	EXERCITIUM
MANEAT	EXCITATI
SEMPER	SCOLOPENDRA
DOLORE	DICERE
PRAECIPUE	POSSE
SEQUI	MULTA
COLOR	SITE
CERTUS	VESTIS

Puzzle 95

```
R  Q  U  A  E  S  T  I  O  M  I  P  F  E  A
F  E  M  I  S  I  T  S  J  U  N  E  O  X  W
S  E  P  L  C  I  F  I  Q  T  D  T  R  I  Z
V  H  X  E  O  U  D  T  D  U  U  L  A  G  X
D  E  V  N  T  H  D  C  E  U  C  T  M  O  S
I  R  R  R  M  E  H  E  R  M  E  N  I  M  I
S  A  C  I  Z  L  R  L  O  A  R  U  N  Y  T
S  V  B  M  T  R  N  E  M  N  E  R  I  B  U
I  R  I  U  P  A  E  S  A  E  P  E  S  G  C
M  E  H  P  I  G  T  I  C  I  V  P  G  R  L
I  S  K  V  S  E  D  I  J  V  W  E  S  A  S
L  N  D  Q  G  U  F  R  S  T  E  C  A  L  P
I  O  E  T  B  F  M  A  I  R  E  P  A  L  W
S  C  G  P  B  R  H  V  R  H  E  V  J  G  A
```

VERITATIS	PLACET
CONSERVARE	CEPERUNT
VICIT	SELECTIS
AMORE	MUTUUM
SAEPE	INDUCERE
APERIAM	DISSIMILIS
REPETERE	FORAMINIS
IPSUM	SITU
EXIGO	VARIIS
MISIT	QUAESTIO

Puzzle 96

```
L S O V W W O P X M I R L O L
M U D V U R E O X W U E G Q O
E B K K M U N I D N E L O M C
X I A F N I M R A H E I F P A
E R T S G P Y U E A U Q V I T
R E N Q I L D D G L F U J D E
I B E D I V T E R L N U S A F
T E M P E R A N D U M M G R I
N H A E F R L D A N U C I S D
E X E R C I T U M B S O S Z U
S A C E Z N E Y P E A D K P C
Q C L G O D V N X F B R U E I
V U A I O P E R A R I O U T A
A B C D P A U L A T I M M C Y
```

QUAE

DIGERE

ORDO

VIDE

VISA

CALCEAMENTA

RELIQUUM

MOLENDINUM

PAULATIM

RUDE

FIDUCIA

LOCATE

OPERARI

NUCIS

TEMPERANDUM

EXERCITUM

NULLA

CURABANT

SENTIRE

SUBIRE

Puzzle 97

```
T E M P E S T A S L U N A R I
T S U E R U A Y P U N C T U M
N T S A F T H P A R G A R A P
F E U R O R P A V L F O R T E
K L A O R A A P D Q B U S Q R
Y L L H M N R R V K E U N K A
N A C V A S T O M Q W Z M Q S
W I K T L M I C V B M X S U S
R R H K L I C E Y N T S C M E
K O T I Y T U D L I B R I I C
H M O T L T L E U M W O L K U
L E H M X U A R D C D P M F T
X M G X W N R E G K L A R U R
T Z G C Q T I I I Q Y V I F B
```

CLAUSUM
PARTICULARI
LUNARI
LIBRI
TEMPESTAS
PUNCTUM
NIHIL
ALBUM
AUREUS
TRANSMITTUNT

FORTE
CESSARE
VAPOR
HORAE
PARAGRAPH
SUB
MEMORIA
FORMALLY
STELLA
PROCEDERE

Puzzle 98

```
T U P W A X M T E I Z O X I E
Z L O C U S I V E R B T A R C
W R P B A D V E R S A R G Y P
U P S D R G L O R I A E Q U E
A L I U D A H A B E T S D Q W
I C L N T P C T J K A E U J E
D U A Q S A F H T K W D C O M
I P T N O R N V I V L L E H A
V C A U C N V O Z U C L R T U
E A V X W A V K C D M Z E T Q
S K Z Q N L E V I C I S S I M
D E L V V C B L T A N T U M A
M I T T E N S H I A R E N A U
A L P E L L E N T E S Q U E Q
```

TANTUM	ALIUD
HABET	QUAMQUAM
VICISSIM	CAELI
ADVERSA	BREVIS
PELLENTESQUE	GLORIAEQUE
ARENA	MITTENS
DUCERE	DIVES
BRACHIUM	LOCUS
TALIS	CUPCAKE
DESERTO	CONATUS

Puzzle 99

```
P E P F R A T R I S A K C T R
R G E A T C E L G E N O V P Y
I R N N O I T C A R E T N I
V E I T S N E M A X I M A R W
A G C R U T N E R T S U L L I
T I I A S A O P E R E A T E J
A E L L P C U P J T Z Q P W Z
C A L T A T O N E A I T A R G
Q C U U L U J B I R L I M U H
H E M M G S O H M U A V L F W
V A C U U M K N W D S T Q L O
P A R T I C U L A R I S I S I
S U B S T A N T I A A C R O J
K C O N S P E C T U O D Q Q A
```

ILLUSTRENTUR
NEGLECTA
CONSPECTU
VACUUM
CONTACTUS
PARTICULARIS
UNIUS
ILLI
PENICILLUM
GRATIAE

PEREAT
INTERACTION
LAPSU
FRATRIS
OPERATIO
ALTUM
PRIVATA
EGREGIE
MAXIMA
SUBSTANTIA

Puzzle 100

```
A F F I C I U N T I S I R S D
L A B R U M Q N J D C T S O O
D N A V I G A T E F J S T L N
H E H S P U N C T U M I X I E
P X N M U T I S O P O R P T C
U K P T I L D I U I J T S U S
U M V R I D U A M O K A I D P
X N B R Z F H C V X Y R M I O
S I C R K G R E I U S F I N N
E Q D P A R W I P L O R L I G
Q U A T U O R F C K L U E S I
F M H M I S S I C I V O E P A
T E N E N T E M I K U P F R T
I N V E N I A N T U R M V I J
```

SIC
AFFICIUNT
EIUS
QUATUOR
SIMILE
DONEC
FOLLICULUS
SOLITUDINIS
SPONGIA
DENTIFRICIUM

UMBRA
RISIT
TENENTEM
PROPOSITUM
LABRUM
NAVIGATE
INVENIANTUR
PUNCTUM
VICISSIM
FRATRIS

Puzzle 1

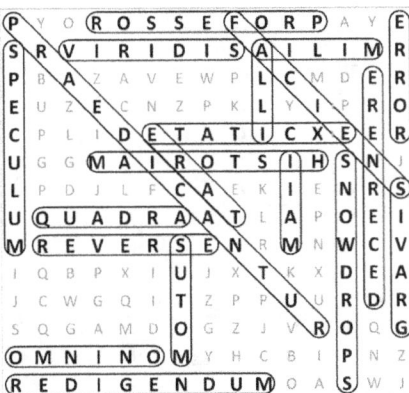

Puzzle 2

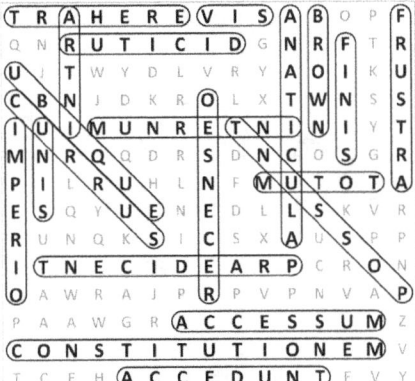

Puzzle 3

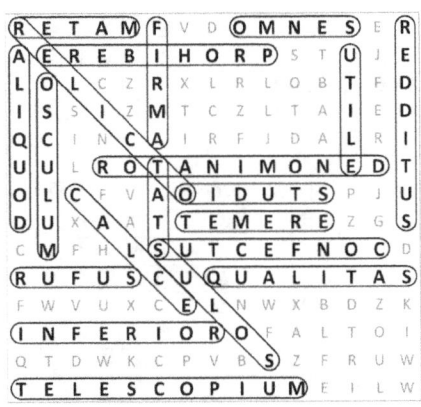

Puzzle 4

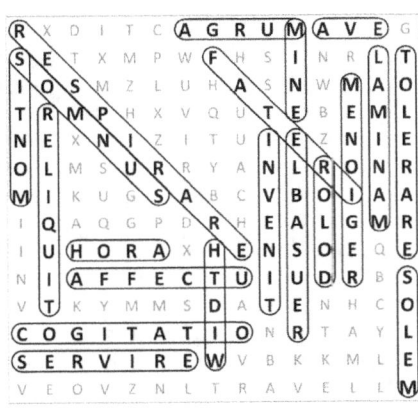

Puzzle 5

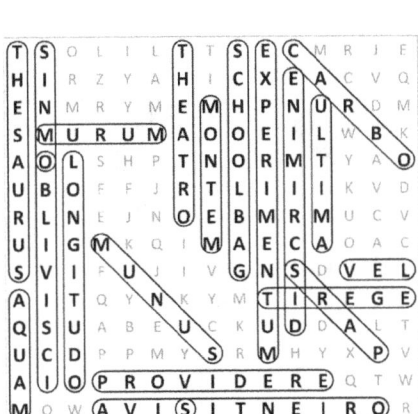

Puzzle 6

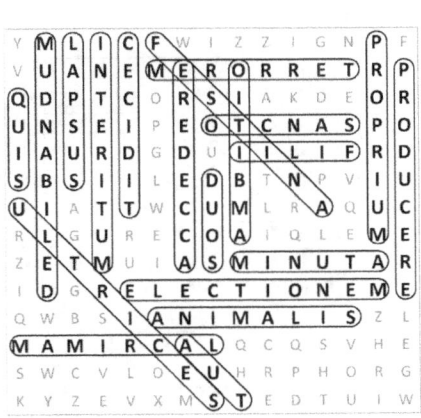

Puzzle 7

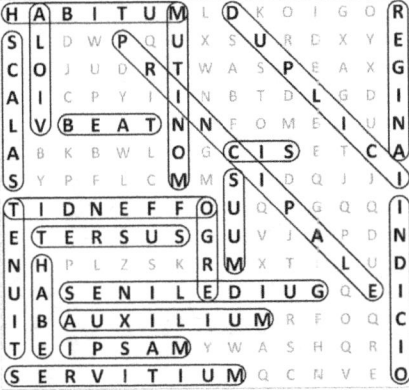

Puzzle 8

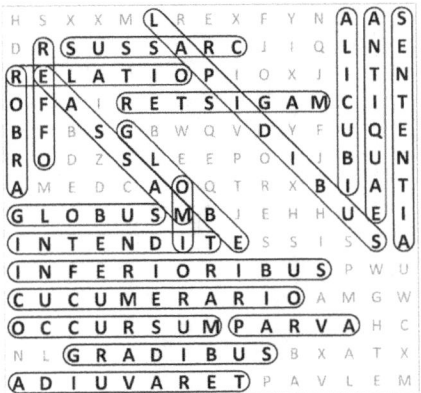

Puzzle 9

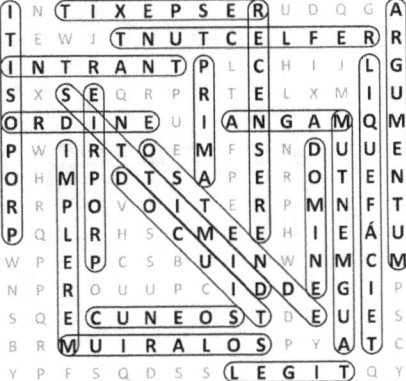

Puzzle 10

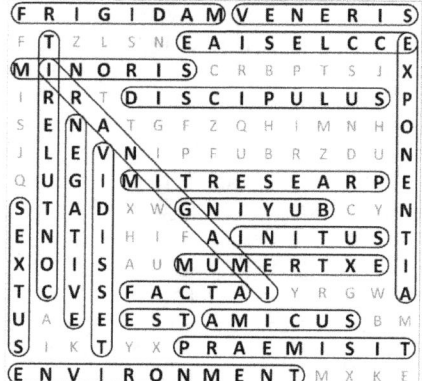

Puzzle 11

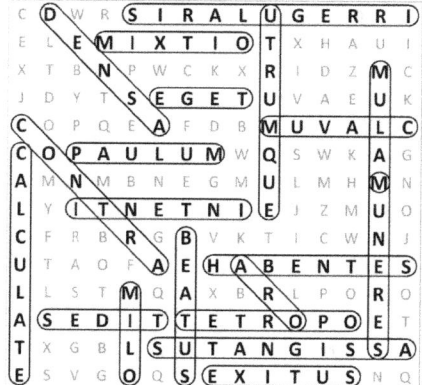

Puzzle 12

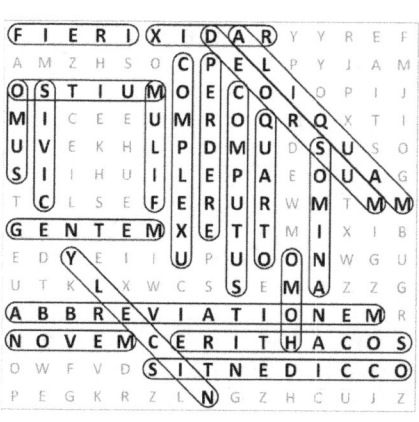

Puzzle 13

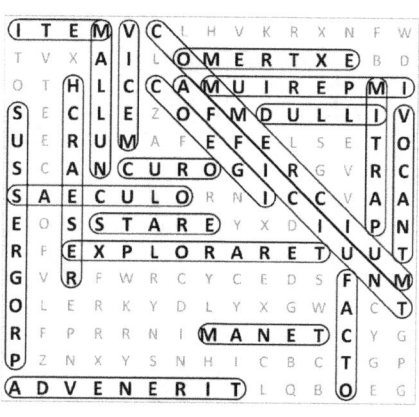

Puzzle 14

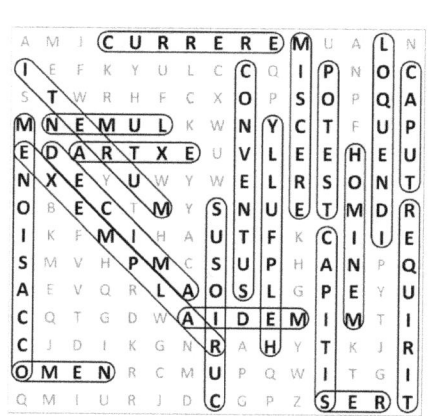

Puzzle 15

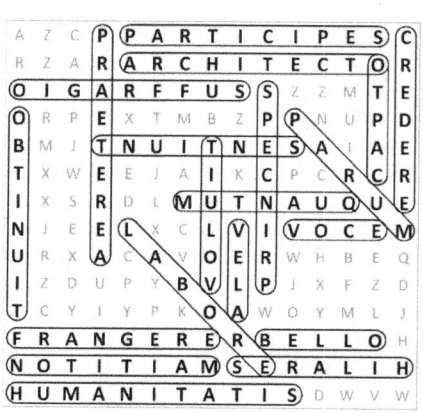

Puzzle 16

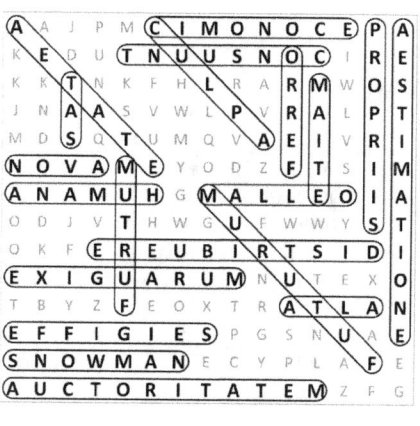

Puzzle 17

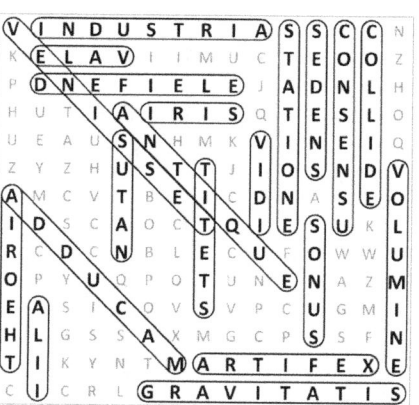

Puzzle 18

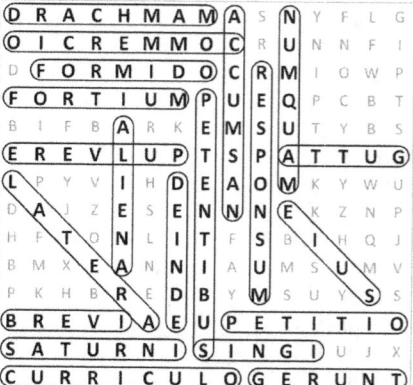

Puzzle 19

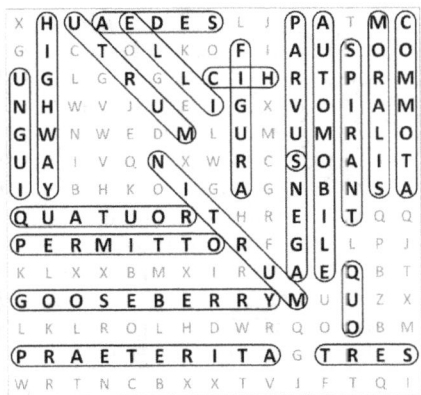

Puzzle 20

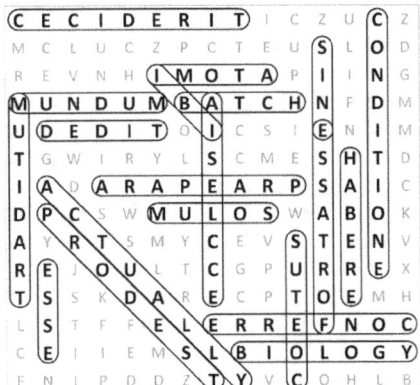

Puzzle 21

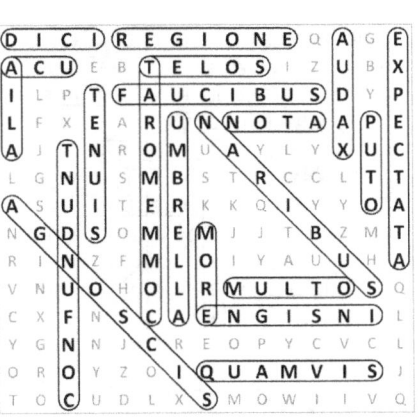

Puzzle 22

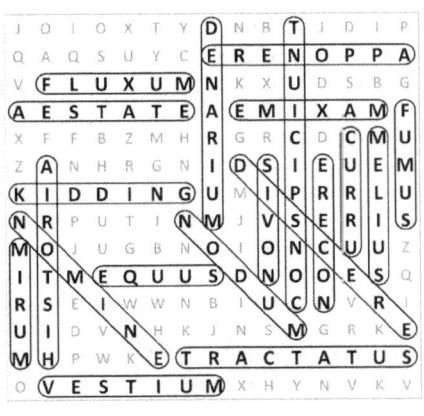

Puzzle 23

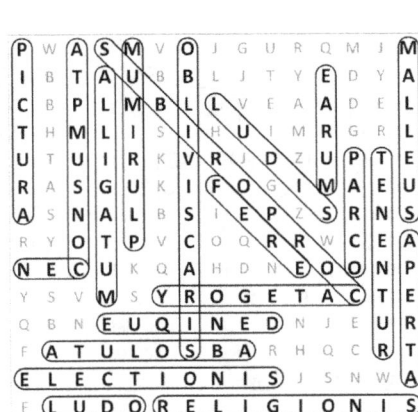

Puzzle 24

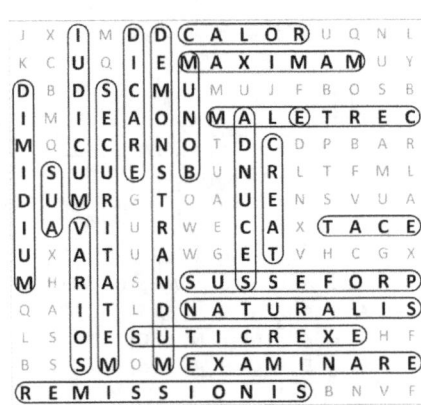

Puzzle 25

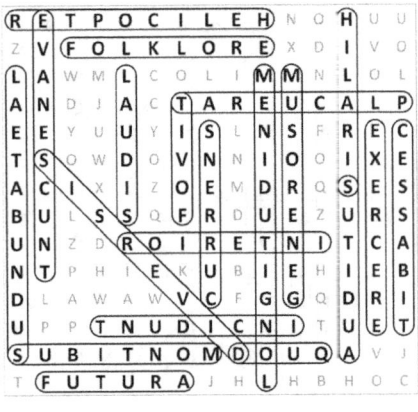

Puzzle 26

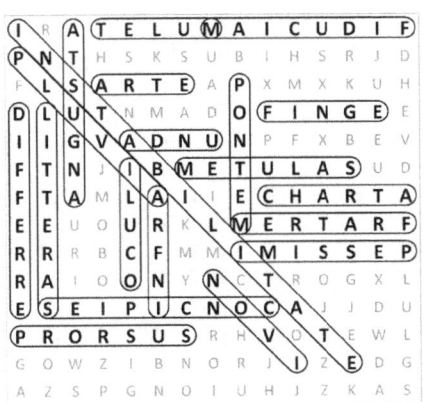

Puzzle 27

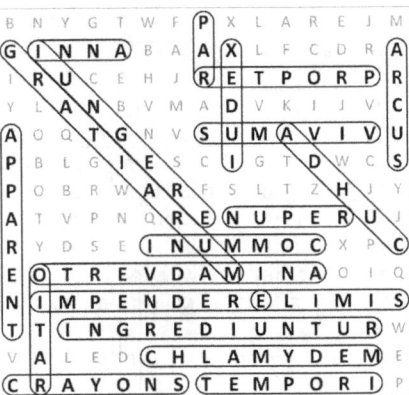

Puzzle 28

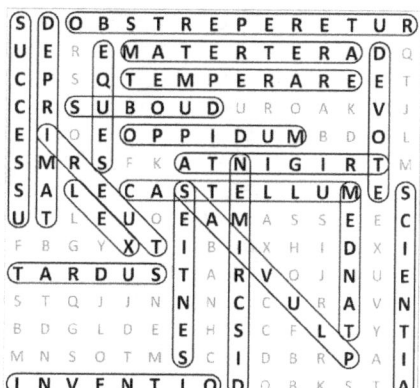

Puzzle 29

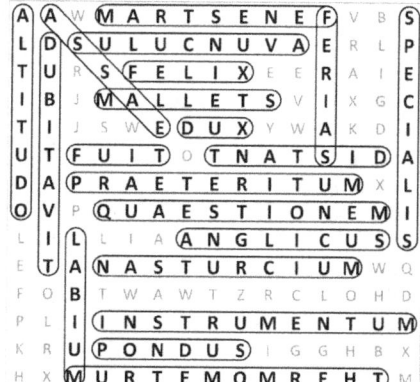

Puzzle 30

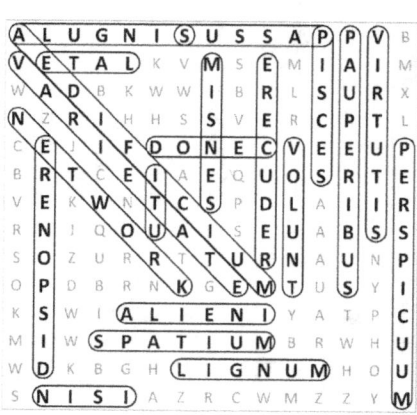

Puzzle 31

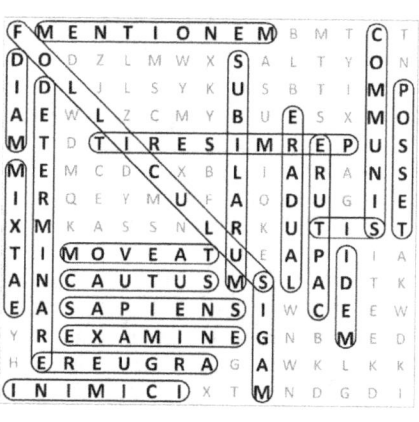

Puzzle 32

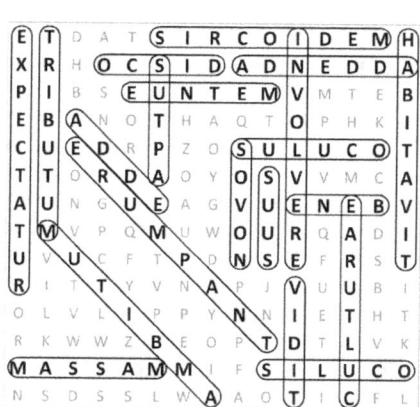

Puzzle 33

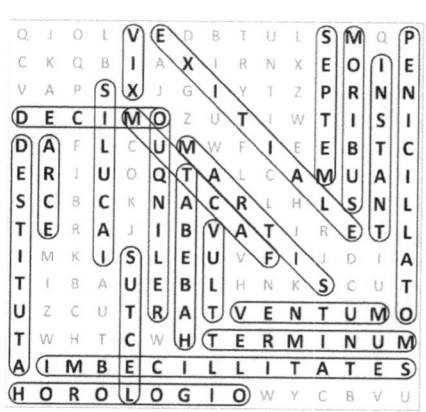

Puzzle 34

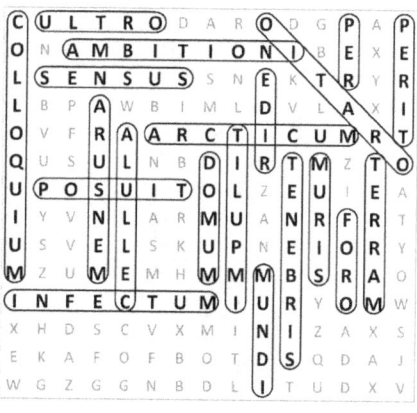

Puzzle 35

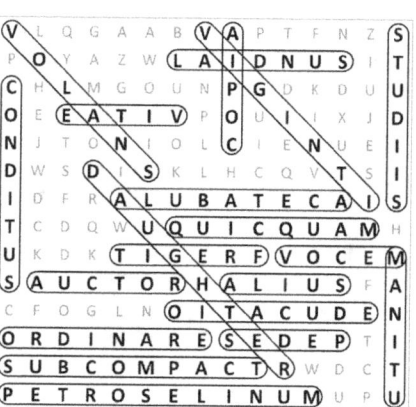

Puzzle 36

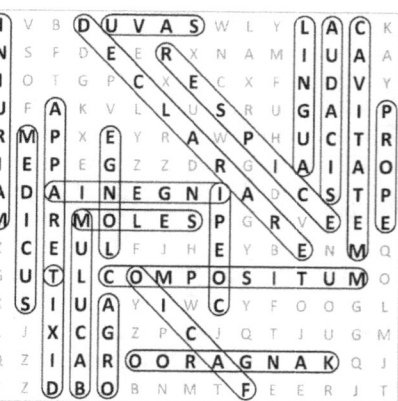

Puzzle 37

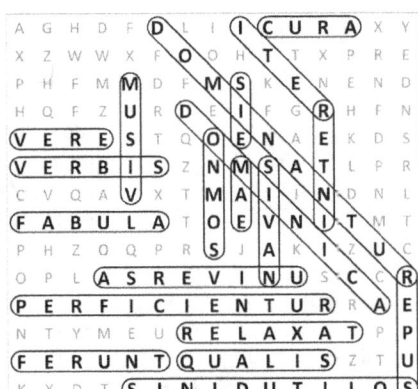

Puzzle 38

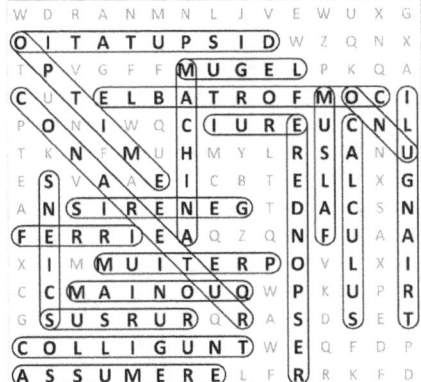

Puzzle 39

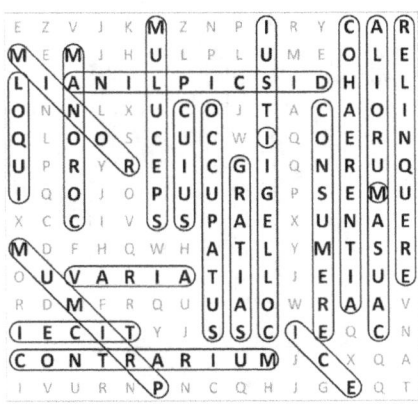

Puzzle 40

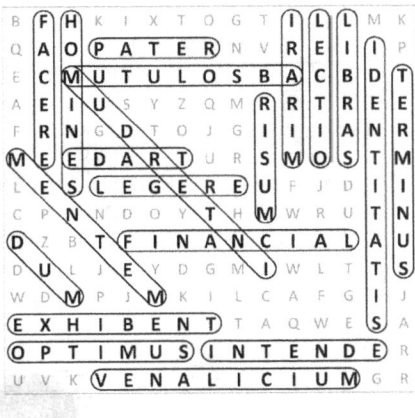

Puzzle 41

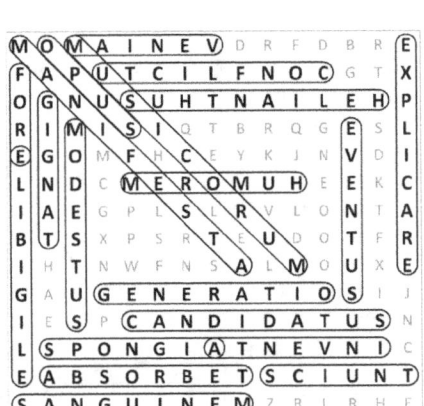

Puzzle 42

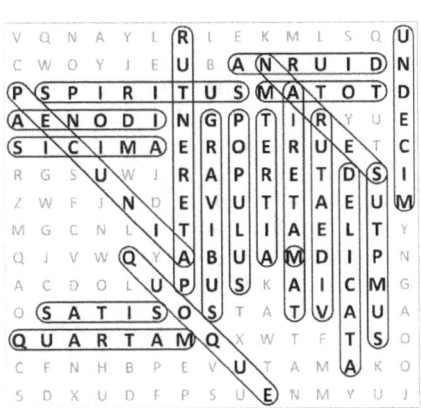

Puzzle 43

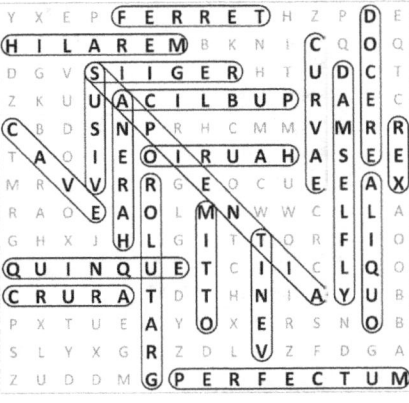

Puzzle 44

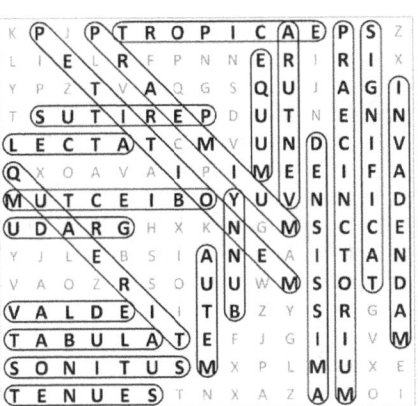

Puzzle 45

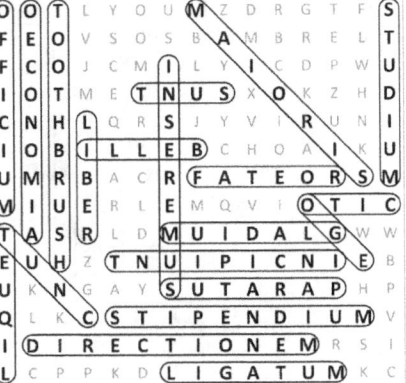

Puzzle 46

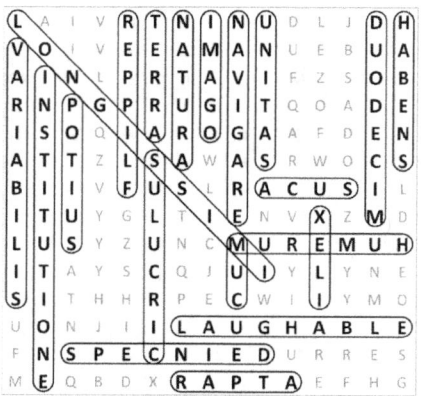

Puzzle 47

Puzzle 48

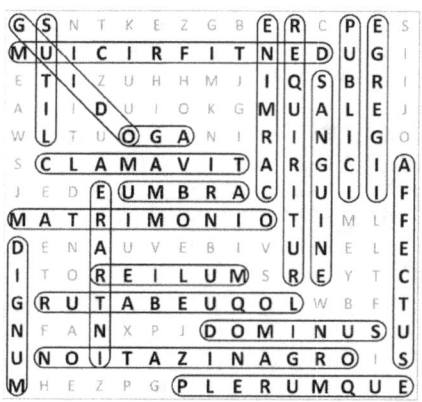

Puzzle 49

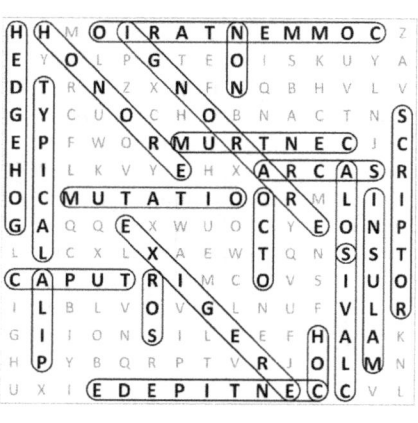

Puzzle 50

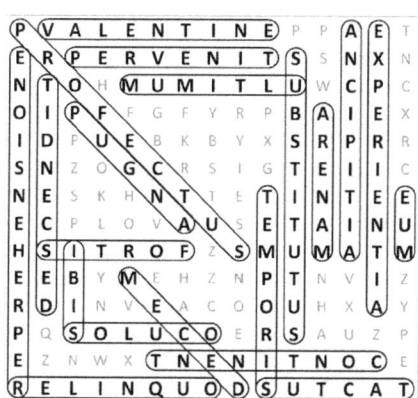

Puzzle 51

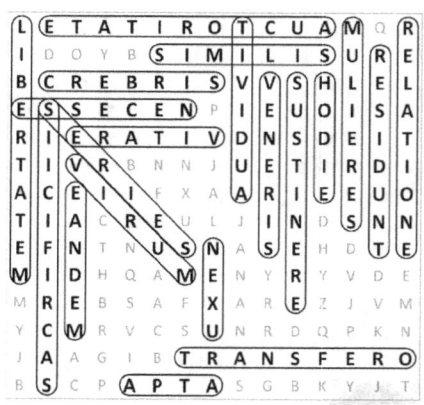

Puzzle 52

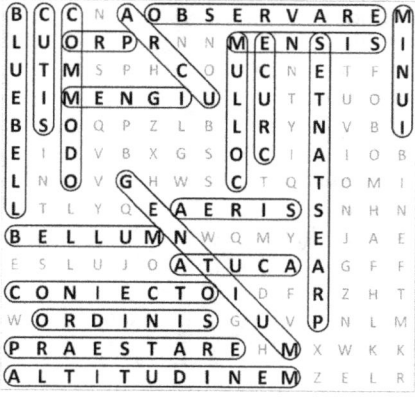

Puzzle 53

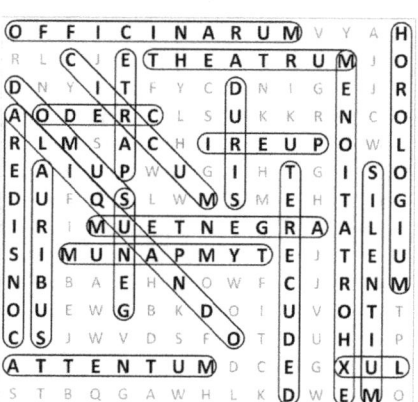

Puzzle 54

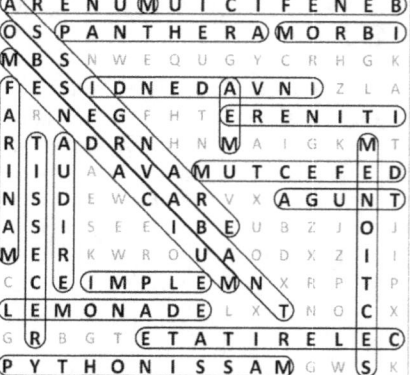

Puzzle 55

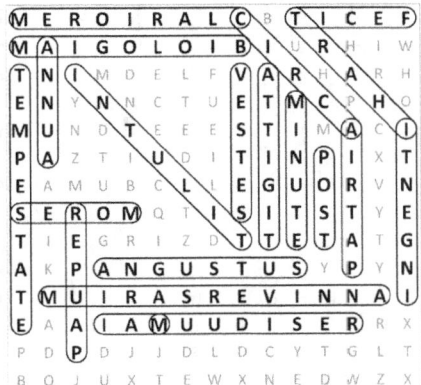

Puzzle 56

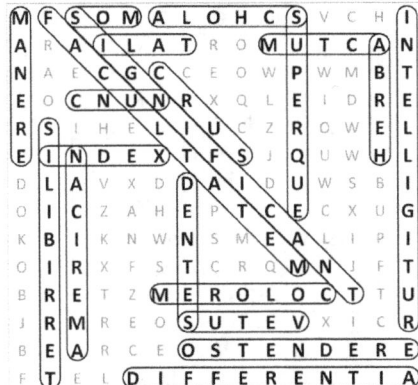

Puzzle 57

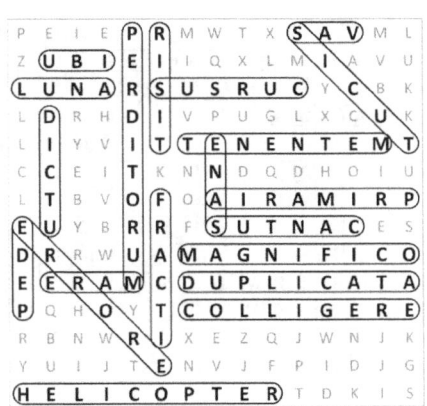

Puzzle 58

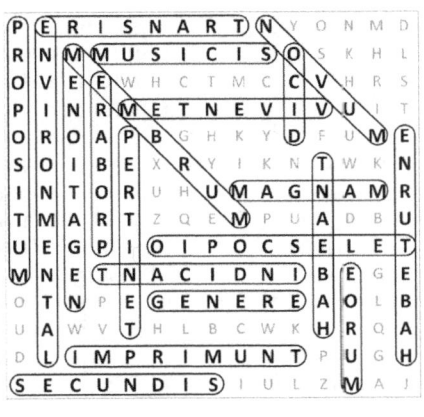

Puzzle 59

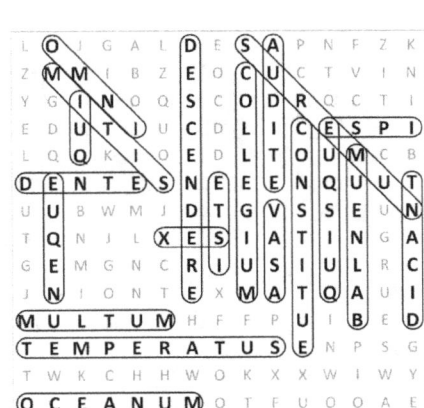

Puzzle 60

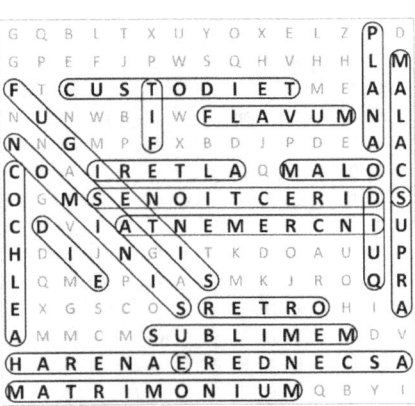

Puzzle 61

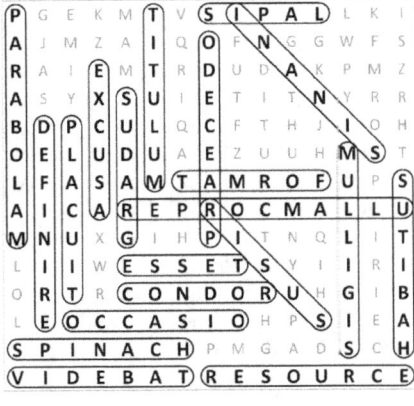

Puzzle 62

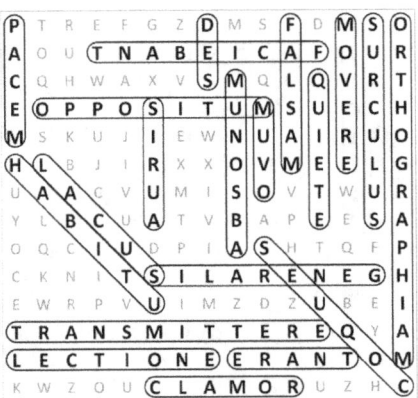

Puzzle 63

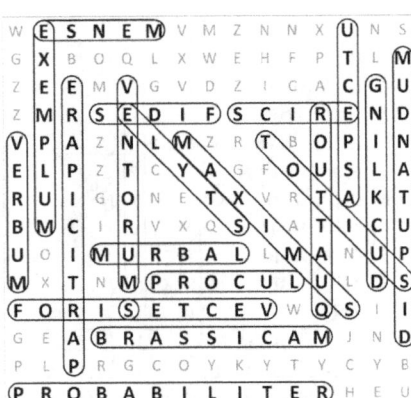

Puzzle 64

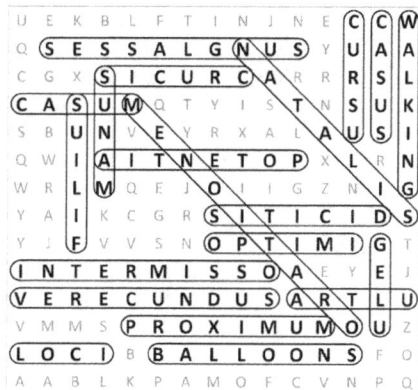

Puzzle 65

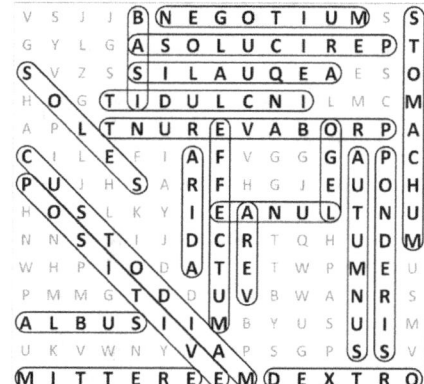

Puzzle 66

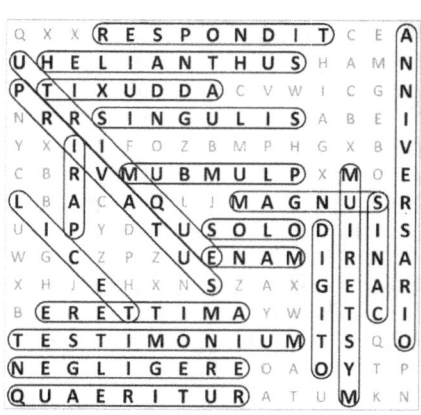

Puzzle 67

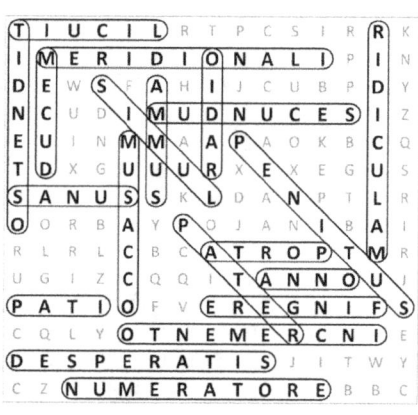

Puzzle 68

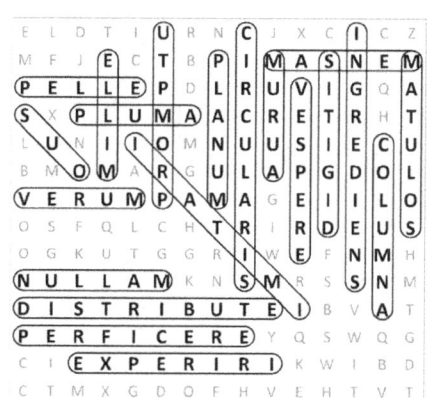

Puzzle 69

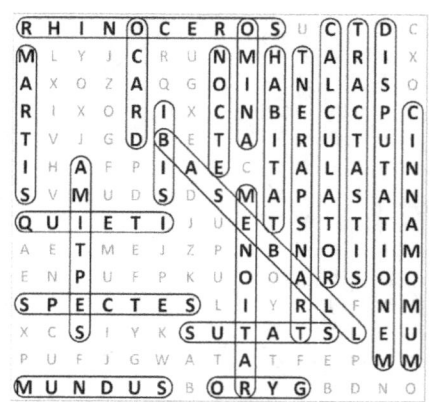

Puzzle 70

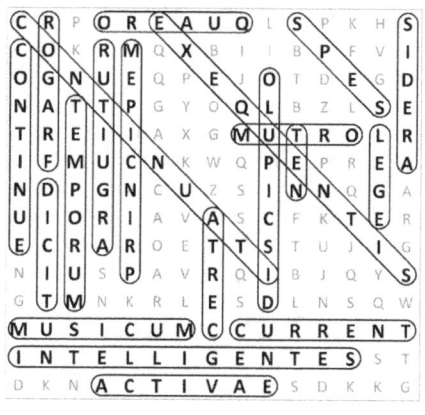

Puzzle 71

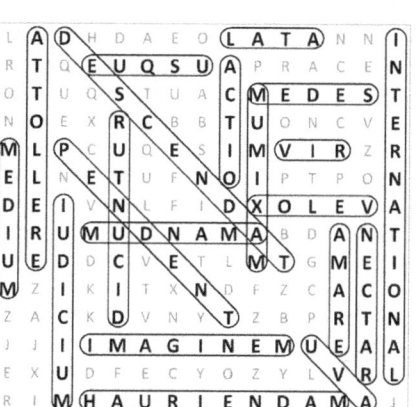

Puzzle 72

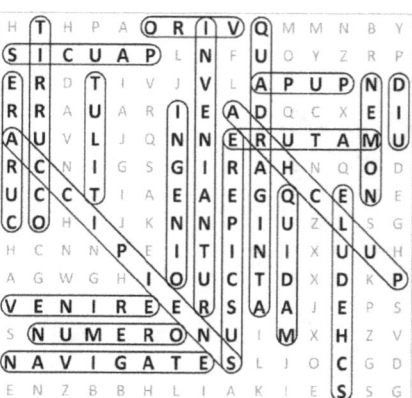

Puzzle 73

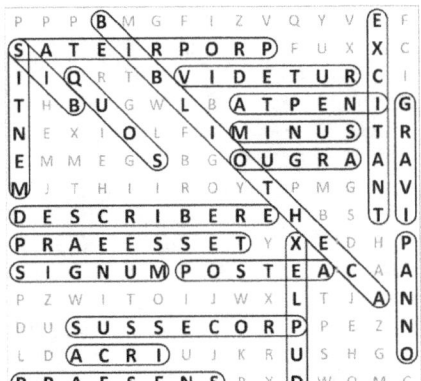

Puzzle 74

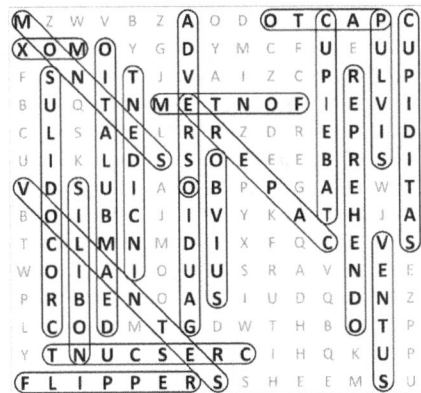

Puzzle 75

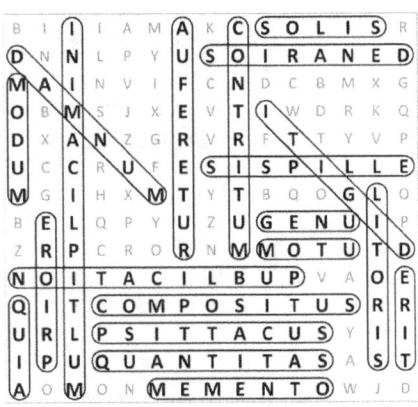

Puzzle 76

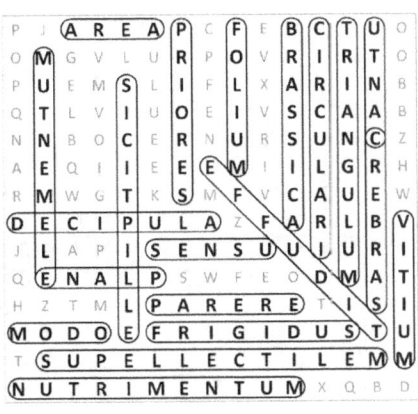

Puzzle 77

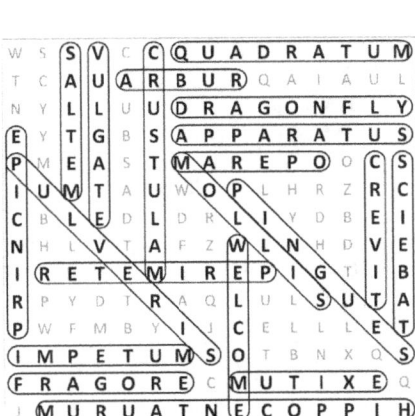

Puzzle 78

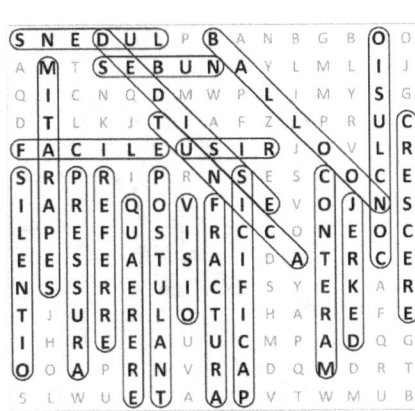

Puzzle 79

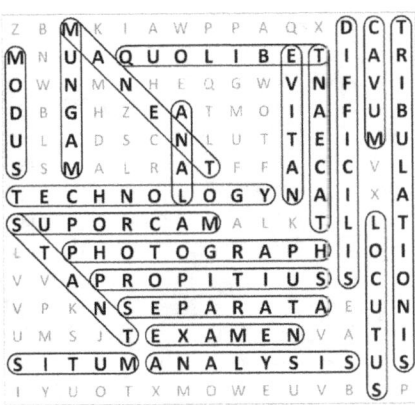

Puzzle 80

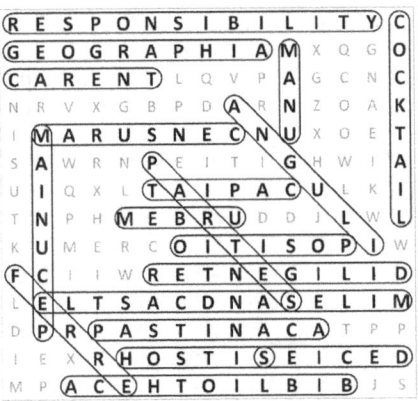

Puzzle 81

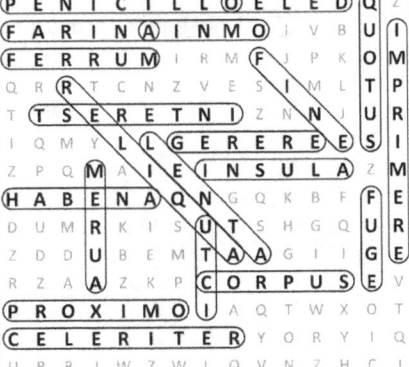

Puzzle 82

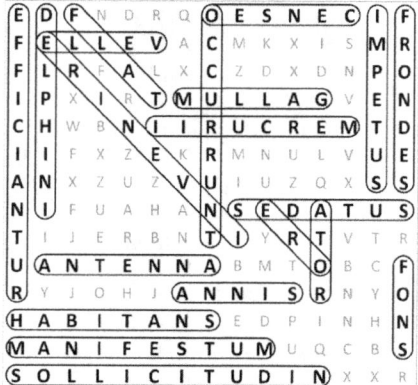

Puzzle 83

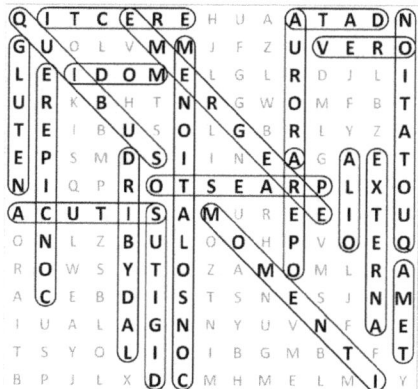

Puzzle 84

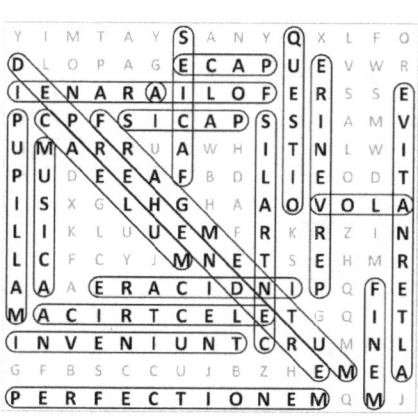

Puzzle 85

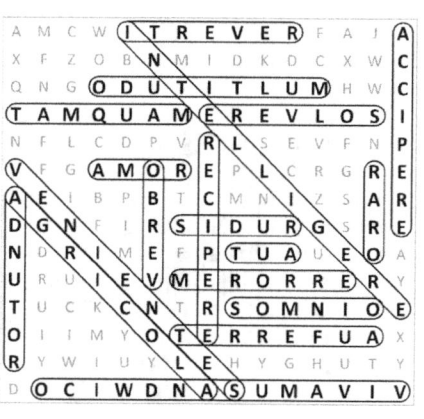

Puzzle 86

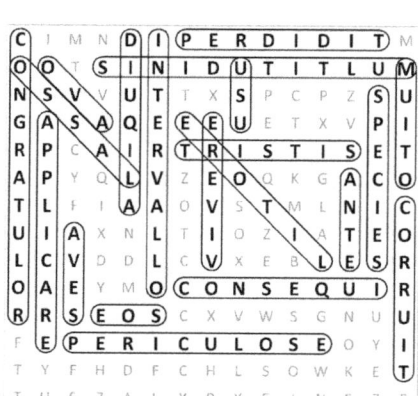

Puzzle 87

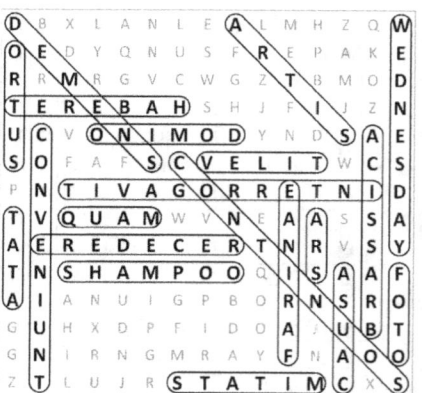

Puzzle 88

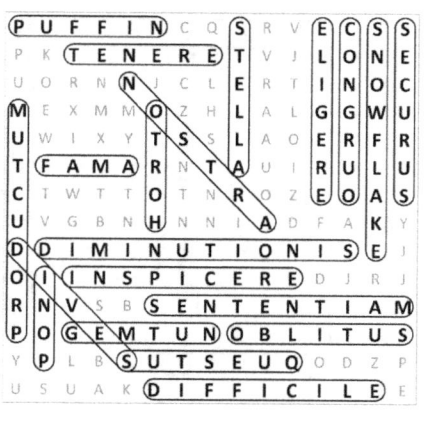

Puzzle 89

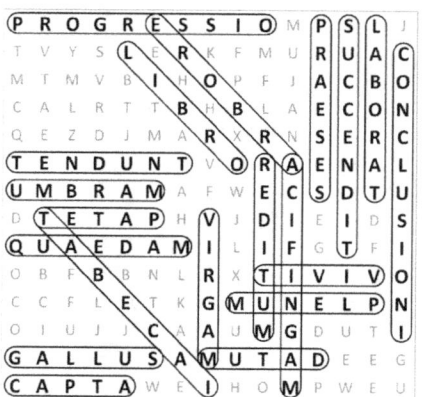

Puzzle 90

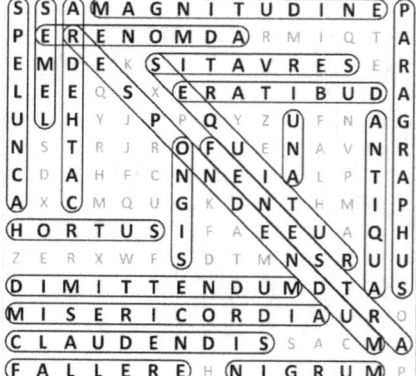

Puzzle 91

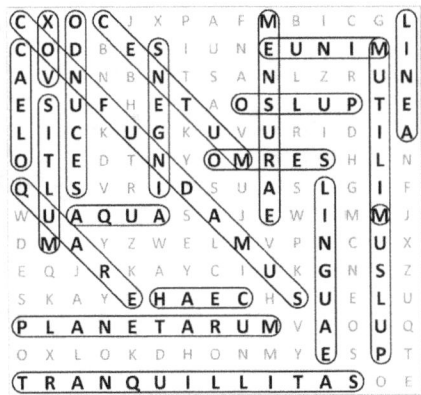

Puzzle 92

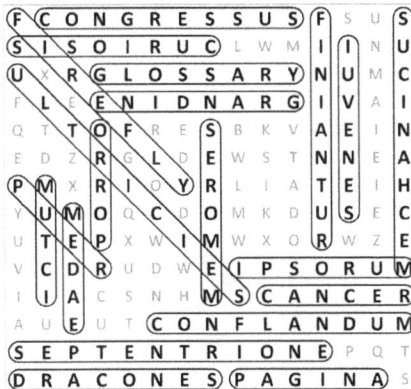

Puzzle 93

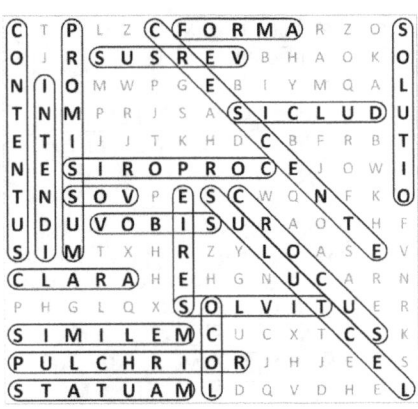

Puzzle 94

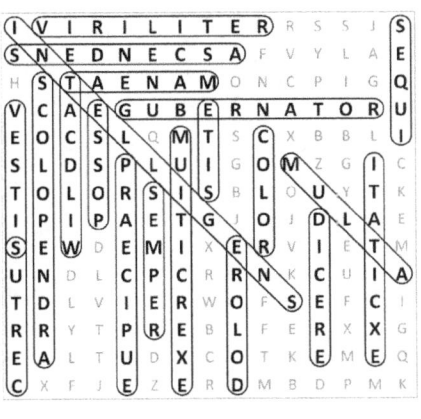

Puzzle 95

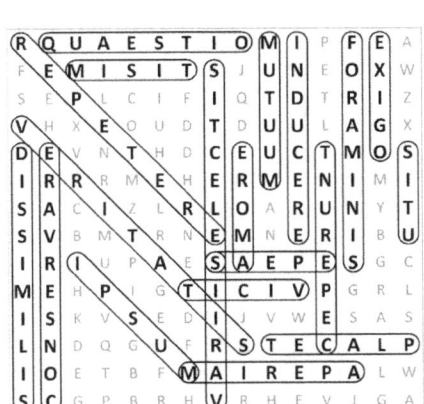

Puzzle 96

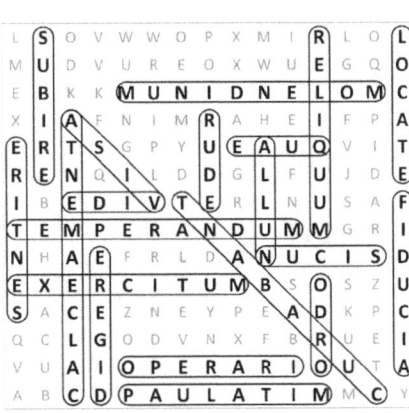

Puzzle 97

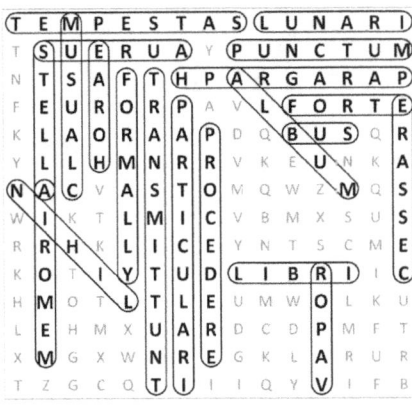

Puzzle 98

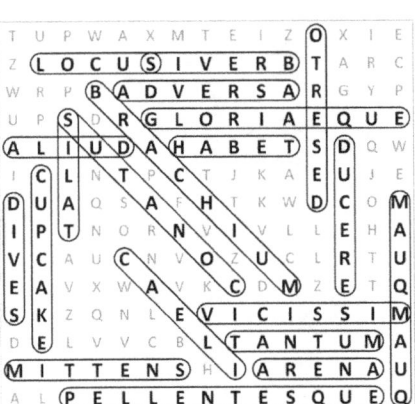

Puzzle 99

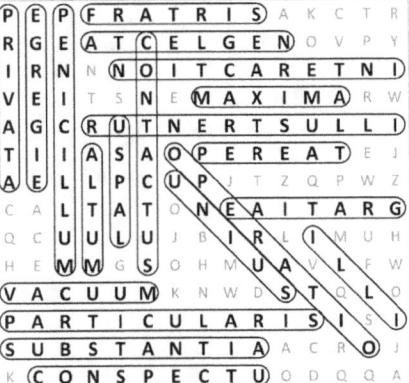

Puzzle 100

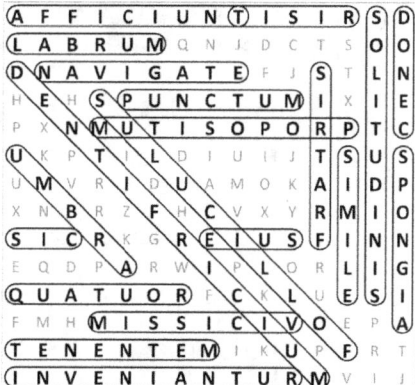

Congratulations

You made it!

We hope you enjoyed this book as much as we enjoyed making it. We do our best to make high quality games.

These puzzles are designed in a clever way to actively spark the brain and make it sharp and quick!
Did you love them?

A Simple Request

Our books exist thanks to the reviews you post on Amazon. Could you help us by leaving a review now?

Here is a short link which will take you to your Amazon orders review page.

BestBooksActivity.com/Review50

MONSTER CHALLENGE!

Challenge #1

Ready for Your Bonus Game? We use them all the time but they are not so easy to find. Here are **Synonyms**!

Note 5 words you discovered in each of the Puzzles noted below (#21, #36, #76) and try to find 2 synonyms for each word.

Note 5 Words from *Puzzle 21*

Words	Synonym 1	Synonym 2

Note 5 Words from *Puzzle 36*

Words	Synonym 1	Synonym 2

Note 5 Words from *Puzzle 76*

Words	Synonym 1	Synonym 2

Challenge #2

Now that you are warmed-up, note 5 words you discovered in each Puzzle noted below (#9, #17, #25) and try to find 2 antonyms for each word. How many lines can you do in 20 minutes?

Note 5 Words from **Puzzle 9**

Words	Antonym 1	Antonym 2

Note 5 Words from **Puzzle 17**

Words	Antonym 1	Antonym 2

Note 5 Words from **Puzzle 25**

Words	Antonym 1	Antonym 2

Challenge #3

Wonderful, this monster challenge is nothing to you!

Ready for the last one? Choose your 10 favorite words discovered in any of the Puzzles and note them below.

1.	6.
2.	7.
3.	8.
4.	9.
5.	10.

Now, using these words and within a maximum of six sentences, your challenge is to compose a text about a person, animal or place that you love!

Tip: You can use the last blank page of this book as a draft!

Your Writing:

Explore a Unique Store
Set Up **FOR YOU!**

NOTEBOOK:

SEE YOU SOON!

Delta Classics Team